A FILOSOFIA NA ÉPOCA TRÁGICA DOS GREGOS

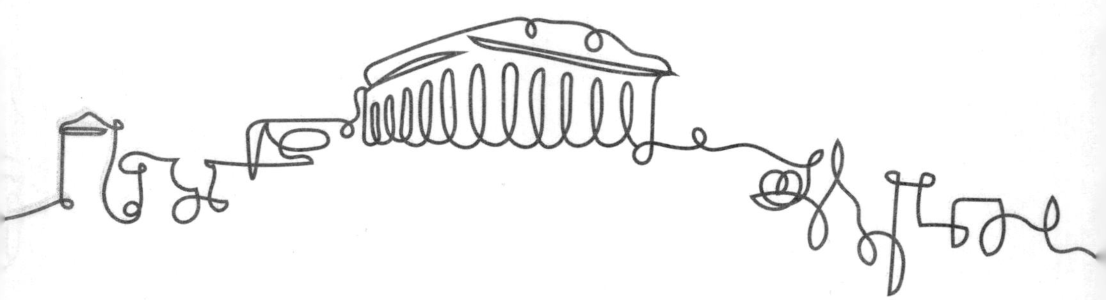

NIETZSCHE

A FILOSOFIA NA ÉPOCA TRÁGICA DOS GREGOS

Tradução

Antonio Carlos Braga

Lafonte

2025 • Brasil

Título original:
Die Philosophie im Tragischen Zeitalter der Griechen

Direção Editorial *Ethel Santaella*
Coordenação Editorial *Ciro Mioranza*
Colaboração *Luciano Oliveira Dias*
Tradução *Antonio Carlos Braga*
Revisão *Luciana Duarte*
Design de capa *Fernando Morra*
Imagem capa *Ton Tonic / Shutterstock.com*
Diagramação *Kelven Frank*

Dados Internacionais de Catalogação na Publicação (CIP)
(eDOC BRASIL, Belo Horizonte/MG)

N677f

Nietzsche, Friedrich Wilhelm, 1844-1900.
A filosofia na época trágica dos gregos / Friedrich Wilhelm Nietzsche; tradução Antonio Carlos Braga. – São Paulo, SP: Lafonte, 2025.
104 p. : 15,5 x 23 cm

Título original: Die Philosophie im tragischen Zeitalter der Griechen
ISBN 978-65-5870-631-1 (Avulsa)
ISBN 978-65-5870-632-8 (Coleção)

1. Filosofia antiga. 2. Ensaios filosóficos. I. Braga, Antonio Carlos. II. Título.

CDD 180

Elaborado por Maurício Amormino Júnior – CRB6/2422

Editora Lafonte

Av. Profª Ida Kolb, 551, Casa Verde, CEP 02518-000, São Paulo-SP, Brasil
Tel.: (+55) 11 3855-2100, CEP 02518-000, São Paulo-SP, Brasil
Atendimento ao leitor (+55) 11 3855-2216 / 11 – 3855-2213 – atendimento@editoralafonte.com.br
Venda de livros avulsos (+55) 11 3855-2216 – vendas@editoralafonte.com.br
Venda de livros no atacado (+55) 11 3855-2275 – atacado@escala.com.br

ÍNDICE

Apresentação

Embora Nietzsche pretenda, de início, analisar o *corpus* filosófico dos pensadores em voga na época da tragédia grega – séculos VI e V antes de nossa era – na realidade, ele se detém particularmente na análise de alguns tópicos fundamentais do pensamento de dois expoentes desse período, Anaxágoras e Parmênides. O autor se fixa na visão que estes filósofos tinham ou procuravam estabelecer a respeito do caos original, do tempo, do movimento e do indefinido. O caos primordial, será que existiu? O tempo teve início? O que desencadeou o primeiro movimento no mundo, movimento inicial que mantém a engrenagem do tempo, do espaço e das coisas girando até hoje? Tudo era e é água, diz um. Tudo era e é indefinido, contrapõe outro. Tudo é devir e o tornar-se não tem fim, mas deve ter tido um começo, afirma o terceiro. Nessa busca dos princípios que envolvem tempo e espaço, ser e vida, origem e devir, e outros temas correlatos, a filosofia da época trágica dos gregos reflete para fundamentar causas e efeitos de tudo o que existe no mundo, de tudo o que é o mundo, num profundo esforço para compreender o universo.

Nietzsche recorre ainda ao pensamento de outros filósofos desse distante período, como Heráclito, Empédocles, Anaximandro, Pitágoras, Tales de Mileto, Demócrito, mas os pontos essenciais da perquirição filosófica são fundamentalmente os mesmos: o universo, o mundo visível e invisível, o ser, a coisa, a vida, a origem, o hoje e o futuro. O autor deste texto não se preocupa com o pensamento moderno a respeito, seu interesse único é o de transmitir o que pensavam os antigos gregos. Tampouco oferece soluções definitivas, mas como se diverte em explanar a visão do universo que possuíam e em expor seus pontos de vista, suas discussões e mesmo dissensões. Nesse contexto, contrapõe particularmente Anaxágoras a Parmênides. Contemporâneos, os dois se digladiavam na tentativa de explicar o universo em si, seu aparecimento no tempo e no espaço, seu surgimento do caos primordial e sua vida no agora e no futuro. Com pontos de vista ora confluentes, ora divergentes, cada um deles apresenta sua explicação. Nietzsche não toma partido por nenhum dos dois, apenas descreve o pensamento de ambos.

O ser e a realidade, com os conceitos de existência e vida, são os princípios motores da filosofia dessa época helênica. As conclusões apresentadas podem parecer extravagantes e até contraditórias, mas espelham o início de uma profunda reflexão filosófica sobre os princípios fundamentais e originais do universo e da vida. Livro de história do pensamento humano, esta pequena obra de Nietzsche traz à tona aquilo que os gregos pensavam realmente para além de sua mitologia, de suas inúmeras divindades inventadas, na ânsia de conferir um sentido ao mundo, à vida, ao ser e ao devir.

Ciro Mioranza

Prefácio

Quando se trata de homens que só se relacionam a nós de longe, é suficiente saber quais são seus objetivos para os aceitarmos ou rejeitarmos totalmente. Quanto àqueles que nos são mais próximos, nós os julgamos pelos meios que usam para alcançar seus fins; muitas vezes desaprovamos seus objetivos, mas os amamos em virtude dos meios que usam e por causa da qualidade de seu querer. Ora, os sistemas filosóficos são inteiramente verdadeiros somente para aqueles que os criaram: todos os filósofos posteriores só veem neles habitualmente um único e monumental erro; os espíritos mais fracos, veem neles uma soma de erros e de verdades. Mas seu objetivo último, em todo o caso, é considerado um erro e, por isso, condenável. Por essa razão é que muitos desprezam o filósofo, pois seu objetivo não é o deles; esses, só de longe nos dizem respeito. Em contrapartida, aquele que desfruta da companhia de grandes homens, alegra-se igualmente em contato com esses sistemas, mesmo que fossem totalmente errôneos, pois eles encerram, de qualquer forma, algum ponto completamente irrefutável, uma tonalidade, uma disposição pessoais que nos permitem reconstruir a imagem do filósofo, do mesmo modo como podemos, a partir de determinada planta em determinado local, tirar conclusões sobre o solo. Em todo caso, essa maneira *peculiar* de viver e de ver os problemas da humanidade já existiu; é, portanto, possível. O "sistema" ou, pelo menos, uma parte desse sistema, é a planta que cresceu nesse solo...

Narro, de forma simplificada, a história desses filósofos: de cada sistema quero apenas extrair esse ponto que constitui um fragmento de *personalidade* e que pertence a essa parte irrefutável e indiscutível que a história deve guardar: é um primeiro passo para reencontrar e reconstruir, por meio de comparações, esses personagens e, finalmente, para levar a soar novamente a polifonia da alma grega. Minha tarefa consiste em trazer à luz o que devemos *amar e venerar sempre* e que nenhum conhecimento posterior nos poderá roubar: o grande homem.

II

Esta tentativa de contar a história dos filósofos gregos mais antigos se distingue de outras tentativas análogas por sua concisão; esta foi obtida não citando, para cada filósofo, senão um reduzido número de suas teorias, não sendo, portanto, algo exaustivo. Foram escolhidas, porém, teses que revelam com maior intensidade a personalidade de cada filósofo, enquanto uma enumeração completa de todas as teses que nos foram transmitidas, como se faz habitualmente nos manuais, só leva a impedir a expressão total da personalidade. Esta é a razão pela qual semelhantes exposições são tão aborrecidas: pois, a única coisa que ainda pode nos interessar nesses sistemas, que foram refutados, é precisamente a personalidade. Aí está, com efeito, o que é irrefutável para sempre. Com três historietas é possível compor o retrato de um homem; vou tentar extrair três histórias de cada sistema, e deixo de lado o resto.

A Filosofia na Época Trágica dos Gregos

1

Há inimigos da filosofia, e é bom escutá-los principalmente quando desaconselham a metafísica às cabeças doentes dos alemães e, em contrapartida, lhes pregam a purificação pela física, como Goethe[1], ou a cura pela música, como Richard Wagner[2]. Os médicos do povo rejeitam a filosofia e aquele que quiser justificá-la terá de demonstrar para que fim os povos sadios utilizam e utilizaram a filosofia. Se conseguisse demonstrá-lo, os próprios doentes chegariam talvez a compreender melhor por que a filosofia lhes foi precisamente prejudicial. Há certamente bons exemplos de uma saúde que subsistiu sem precisar absolutamente da filosofia ou fazendo uso dela de forma muito moderada, fazendo dela quase um jogo. Foi assim que os romanos viveram sua melhor época sem filosofia. Mas onde será possível encontrar o exemplo de um povo doente e ao qual a filosofia tivesse restituído a saúde perdida? Se alguma vez ela se mostrou útil, salutar e protetora, foi para com os povos sadios; ela sempre agravou o estado dos povos doentes. Se alguma vez um povo se desmembrou e negligenciou os laços que o uniam a seus cidadãos, a filosofia nunca fez nada para reatar mais estreitamente esses cidadãos ao todo da nação. Sempre que um homem se dispôs a afastar-se e a isolar-se para se bastar a si mesmo, a filosofia esteve sempre pronta para isolá-lo ainda mais e destruí-lo por meio desse mesmo isolamento. A filosofia é perigosa quando não estiver de posse plena de seus direitos e unicamente a saúde de um povo, mas não mais de qualquer povo, lhe conferir semelhante legitimidade.

Voltemo-nos agora para essa autoridade suprema que decide o que se pode chamar sadio, falando de um povo. Os gregos, porque constituem um povo verdadeiramente sadio, *legitimaram* de uma vez por todas a própria filosofia, pelo simples fato de terem filosofado, e muito mais, com efeito, que todos os outros povos. Nunca souberam deter-se a tempo, pois, até mesmo no curso de sua velhice estéril se comportaram como ardentes adoradores da filosofia, embora ela só tivesse então para eles o sentido das piedosas sutilezas e das sacrossantas racionalizações da dogmática cristã. Não sabendo deter-se a tempo, eles próprios diminuíram consideravelmente o serviço que poderiam ter prestado à posteridade bárbara, pois esta, com a impetuosidade e a ignorância de sua juventude, devia inevitavelmente emaranhar-se nessas malhas e nessas redes artificialmente tecidas.

Em contrapartida, os gregos souberam começar a tempo; e esse ensinamento que determina em que momento se deve começar a filosofar, eles o prodigalizaram mais claramente que qualquer outro povo. Na verdade, não é somente na desgraça que se deve começar, como pensam de bom grado aqueles que fazem derivar a filosofia do descontentamento, mas é na felicidade, em plena força da idade, na borbulhante alegria de uma vigorosa e vitoriosa maturidade viril. O fato de que nesse momento os gregos tenham filosofado nos informa tanto sobre o que é a filosofia e o que deve ser como sobre os próprios gregos. Se eles tivessem sido nessa época esses espíritos práticos e divertidos, serenos e autossuficientes, tais como os imaginam os filisteus eruditos de nossos dias, ou se tivessem vivido sempre na despreocupação da orgia, em meio a seus transportes, respirando, sentindo somente na libertinagem, como se compraz em supor uma imaginação fantasiosa e ignorante, a fonte da filosofia nunca teria jorrado no meio deles. Quando muito, teria surgido um riacho que logo se perderia na areia ou se evaporaria em nevoeiro, mas nunca esse largo rio animado por essa corrente majestosa, que conhecemos como a filosofia grega.

Sem dúvida, houve aqueles que se empenharam em mostrar em que ponto os gregos puderam descobrir e aprender entre seus vizinhos orientais e em que ponto o que auferiram efetivamente deles era variado. Foi, de fato, um espetáculo curioso, quando colocavam lado a lado os pretensos mestres orientais e seus supostos discípulos gregos e que recentemente puseram em destaque Zoroastro[3] ao lado de Heráclito[4], os hindus ao lado dos eleatas[5], os egípcios ao lado de Empédocles[6], chegando até mesmo a colocar Anaxágoras[7] entre os judeus e Pitágoras[8] entre os chineses. No particular, pouca coisa ficou resolvida. Mas não nos deixaremos seduzir por essa ideia geral, contanto que não nos seja imposto disso tirar como consequência que a filosofia teria sido, portanto, pura e simplesmente importada para a Grécia e que não teria brotado do verdadeiro solo nacional, ou mesmo que teria, como um corpo estranho, muito mais arruinado do que estimulado os gregos. Nada é mais absurdo que atribuir aos gregos uma cultura autóctone: pelo contrário, eles assimilaram inteiramente a cultura viva de outros povos. E, se foram tão longe, é precisamente porque souberam retomar a lança, no local em que outro povo a abandonou, para arremessá-la mais longe.

Os gregos são admiráveis na arte de aprender com proveito e, como eles, *deveríamos* aprender de nossos vizinhos, colocando o saber adquirido a serviço da vida, como suporte e não a serviço do conhecimento erudito, a partir do qual nos lançaríamos para superar sempre nosso vizinho. As questões que dizem respeito às origens da filosofia são perfeitamente indiferentes, pois, por toda parte, na origem reinam o bárbaro, o informe, o vazio e o feio, e em todas as coisas somente os níveis superiores merecem consideração. Quem, em lugar da filosofia grega, prefere dedicar-se à egípcia e à persa, sob pretexto de que seriam mais "originais" e porque, de toda maneira, são mais antigas, procede de forma tão irrefletida como aqueles que não podiam contentar-se com a mitologia grega, tão esplêndida e profunda, enquanto não a reduzissem a banalidades físicas, ao sol, ao relâmpago, à tempestade e ao nevoeiro, considerados então como sua origem primordial. São igualmente irrefletidos aqueles que imaginam ter reencontrado, por exemplo, na limitada adoração de uma única abóbada celeste nos bravos indo-europeus, uma forma de religião mais pura do que o foi o politeísmo dos gregos. O caminho que remonta às origens leva por toda parte à barbárie; e quem se dedica aos gregos deve sempre ter presente no espírito que o instinto de conhecimento desencadeado conduz por si e em todos os tempos, como o ódio ao saber, à barbárie, e que os gregos dominaram seu instinto de conhecimento em si mesmo insaciável, graças ao respeito que possuíam pela vida, graças à sua exemplar necessidade da vida... de fato, o que aprendiam, logo queriam igualmente vivê-lo. Foi também como homens civilizados e para os fins da civilização que os gregos filosofaram. É por isso que se pouparam de reinventar os elementos da filosofia e da ciência, sob o impulso de uma vaidade qualquer e canhestra. Pelo contrário, logo começaram a completar esses elementos recebidos, a aumentá-los, a torná-los mais elevados e a depurá-los de tal modo que eles próprios se tornaram inventores, mas somente num sentido mais elevado e numa esfera mais pura. Com efeito, inventaram os *maiores tipos do espírito filosófico*, e a posterioridade inteira nada mais inventou de essencial que possa a eles ser acrescentado.

Todos os povos se cobrem de vergonha quando se aponta para uma sociedade de filósofos tão maravilhosamente exemplar: a dos primeiros mestres gregos, Tales[9], Anaximandro[10], Heráclito, Parmênides[11], Anaxágoras, Empédocles, Demócrito[12] e Sócrates[13]. Todos esses homens são talhados inteiramente numa só peça de uma única pedra. Seu pensamento e seu caráter estão ligados por uma necessidade estrita. Ignoram todas as convenções, porque a classe dos filósofos e dos sábios não existia naquela época. Todos eles são, em sua grandiosa solidão, os únicos homens que naqueles tempos viviam votados ao conhecimento. Todos possuem essa vigorosa energia dos antigos, pela qual superam toda a sua posteridade e que lhes permite encontrar sua forma própria e dar a esta seu desenvolvimento pleno, em seus ínfimos detalhes e em sua maior amplitude, graças à metamorfose. De fato, moda alguma veio lhes prestar mão forte e lhes facilitar as coisas. Desse modo, todos formam, em conjunto, aquilo que Schopenhauer[14] chamou, em oposição à República dos sábios, uma República de gênios. Os gigantes se interpelam através dos intervalos desérticos da história e, sem se deixarem perturbar pelos anões descuidados e barulhentos que continuam a rastejar abaixo deles, prosseguem seu sublime diálogo entre espíritos.

Propus-me a narrar parte desse sublime diálogo espiritual, do qual nossa moderna surdez pode ouvir e compreender algumas migalhas, isto é, o mínimo. Parece-me que esses velhos sábios, de Tales a Sócrates, falaram no curso desse diálogo tudo o que a nossos olhos define o caráter dos gregos, mesmo que o tenham expressado de maneira geral. Em seu diálogo deixam transparecer, como também já em suas personalidades, os grandes traços do gênio grego, do qual toda a história grega é a impressão vaga e uma cópia difusa que, portanto, nos fala em termos velados. Se interpretássemos corretamente toda a vida do povo grego, encontraríamos sempre apenas o reflexo da imagem que brilha em cores mais vivas em seus gênios mais elevados. E a primeira aventura da filosofia em solo grego, a consagração dos Sete Sábios[15], constitui um traço nítido e inesquecível conferido à imagem do tipo grego. Outros povos têm santos, os gregos têm sábios. Com justa razão disse-se que um povo era caracterizado menos por seus grandes homens do que pela maneira pela qual eram reconhecidos e honrados.

Em outros tempos, o filósofo é um viajante solitário, caminhando ao acaso num meio hostil, e que, ou se insinua furtivamente, ou abre passagem de punhos fechados. Entre os gregos, porém, a presença do filósofo não é um acaso: quando surge, no século VI ou V a. C., entre os perigos inauditos e as prodigiosas seduções de uma vida material cada vez mais evoluída, quando avança, como se tivesse saído, por assim dizer, do antro de Trofônio[16], para um meio de abundância, de felicidade da descoberta, da riqueza e da sensualidade das colônias gregas, podemos com isso adivinhar que sua vinda é a de um nobre arauto, cuja postura moderada persegue o mesmo objetivo pelo qual surgiu na mesma época a tragédia. E é esse mesmo objetivo que os mistérios órficos[17], por meio de seus hieróglifos disformes de seus ritos, nos sugerem. O juízo desses filósofos sobre a vida e sobre a existência em geral é muito mais rico de significado do que um juízo moderno, porque tinham diante de si conhecia uma exuberante plenitude e porque neles a inspiração do pensador não se enredava como acontece entre nós, dividida entre o desejo de liberdade, de beleza, de uma vida plena de grandeza e do instinto de verdade, para o qual a única questão é de saber qual é o valor da vida em geral.

A tarefa que o filósofo tem de realizar no âmbito de uma civilização autêntica, caracterizada pela unidade de seu estilo, não pode, portanto, ser única e simplesmente deduzida das condições atuais de nossa existência e das experiências que são as nossas, pois, não vivemos no seio de semelhante civilização. Em contrapartida, só uma civilização como a grega está em condições de responder à questão de saber qual seria a tarefa do filósofo; somente semelhante civilização, repito, pode justificar a filosofia em geral, porque só ela sabe provar por que e como o filósofo *não é* um viajante qualquer, vindo ao acaso e que surge indiferentemente, ora aqui, ora acolá. Há uma lei férrea que acorrenta o filósofo a uma civilização autêntica: mas como isso é possível se essa civilização não existe? Então o filósofo é como um cometa imprevisível, contudo, assustador, ao passo que, no melhor dos casos, ele brilha como uma estrela de primeira grandeza no sistema solar da civilização. Os gregos justificam, portanto, a existência do filósofo, porquanto são os únicos a cujos olhos o filósofo não é um cometa.

2

Depois dessas considerações, ninguém ficaria surpreso pelo fato de eu falar dos filósofos pré-platônicos como de uma sociedade coerente e por pensar em dedicar inteiramente a eles este livro. Platão[18] representa o começo de uma coisa totalmente nova; ou, como é igualmente justo dizer, desde Platão falta aos filósofos algo de essencial se comparados a essa República de gênios que vai de Tales a Sócrates.

Se quisermos ser malevolentes com relação a esses velhos mestres, podemos dizer deles que são limitados e, de seus epígonos, com Platão à frente, que são mais complexos. Seria mais justo e mas imparcial ver nestes últimos filósofos híbridos, e nos primeiros, tipos mais puros. O próprio Platão aparece como o primeiro grande híbrido e isso está claramente inscrito em sua filosofia como em sua personalidade. Sua teoria das ideias reúne elementos de Sócrates, de Pitágoras e de Heráclito: é por isso que não representa um tipo puro. Também em sua personalidade, Platão mistura os traços característicos da reserva e da serenidade reais de Heráclito, da compaixão melancólica do legislador Pitágoras e da dialética de Sócrates, o perscrutador de almas. Todos os filósofos posteriores são híbridos como ele; e quando entre eles aparece algum caráter talhado num único bloco, como os cínicos, não se trata de um tipo, mas de uma caricatura. Muito mais importante, porém, é que eles sejam fundadores de seitas e que as seitas por eles fundadas tenham todas em seu conjunto bases de oposição contra a civilização grega e contra a unidade de estilo que ela havia conservado até então. Procuram, à sua maneira, uma redenção, mas só para algumas individualidades ou, quanto muito, para alguns grupos próximos de amigos e de discípulos. A atividade dos filósofos mais antigos remonta, mesmo que não tivessem consciência disso, a uma salvação comum e a uma purificação geral; não se pretende interromper o curso imponente da civilização grega e terríveis perigos devem ser afastados de seu caminho: o filósofo protege e defende sua pátria.

Ora, doravante, desde Platão, o filósofo se encontra no exílio e conspira contra sua pátria.

É realmente uma infelicidade que nos reste tão pouco desses primeiros mestres da filosofia e que tenhamos sido privados de quase tudo o que tinham produzido. Por causa dessa perda, involuntariamente os julgamos em função de critérios errôneos; e, enganados pelo fato de que nunca tenham faltado a Platão e a Aristóteles admiradores e copistas – o que se deve unicamente ao acaso – acabamos por ser injustos para com seus predecessores. Admitimos, às vezes, que há um destino próprio para os livros, um *fatum libellorum* (destino dos libelos); mas, em todo caso, deve ter sido um destino muito maligno, se houve por bem nos privar de Heráclito, do poema maravilhoso de Empédocles, dos escritos de Demócrito, que os antigos igualavam a Platão e que até o ultrapassa em originalidade, e se esse destino nos impõe em troca os escritos dos estoicos[19], dos epicuristas[20] e de Cícero[21]. É provável que tenhamos perdido a parte mais grandiosa da filosofia grega e de seus ensinamentos orais: um destino que não devia surpreender quem se lembra das desventuras de Scot Erigena[22] ou de Pascal[23], e quem conserva presente no espírito que a primeira edição do livro de Schopenhauer, *O mundo como vontade e representação*, teve de ser posta de lado.

Se alguém quer admitir para semelhantes coisas a existência de um poder fatalista, que o faça e poderia dizer com Goethe: “Das realidades infames, que ninguém se queixe, pois são as mais poderosas, diga-se o que se disser”. São especialmente mais poderosas que a força da verdade. A humanidade raramente produz um bom livro em que o canto de guerra da verdade, o hino do heroísmo filosófico seja entoado com audaciosa liberdade: e, no entanto, depende dos acasos mais miseráveis, de obscurecimentos repentinos do espírito, de convulsões e antipatias supersticiosas, depende até mesmo, em última análise, da mão cansada de escrever ou mesmo dos insetos e da chuva, para que esse livro sobreviva um século a mais ou que apodreça e se reduza a pó. Por isso não queremos nos queixar, mas antes vamos repetir as palavras consoladoras de Hamann[24], que cortam rente nossas queixas, dirigidas aos espíritos cultos quando deploram a perda de uma obra: "Não tinha o artista, que fazia passar uma lentilha pelo fundo de uma agulha, o suficiente para treinar a habilidade adquirida com um alqueire de lentilhas? Dever-se-ia fazer esta pergunta a todos os espíritos eruditos que não sabem utilizar as obras dos antigos com mais inteligência que aquele homem faz com as lentilhas". Em nosso caso, seria necessário acrescentar que só teríamos necessidade de uma palavra, de uma história, de uma data a mais que nos fosse transmitida – e de resto muito menos poderia ter sido conservado – para constatar esta tese de ordem geral: os gregos justificam a filosofia.

Uma época que sofre daquilo a que se chama cultura geral, mas que não tem cultura nenhuma e que não possui nenhuma unidade de estilo em sua maneira de viver, nada poderá empreender conscientemente se ela mobilizar a filosofia, mesmo que fosse proclamada nas estradas e nos mercados pelo gênio da verdade em pessoa. Em semelhante época, a filosofia permanece, pelo contrário, o monólogo erudito de um caminhante solitário, a presa contingente de um indivíduo, um segredo de quarto fechado ou uma conversa inofensiva de velhos acadêmicos com crianças. Ninguém pode ter a audácia de cumprir em si a lei da filosofia, ninguém vive filosoficamente com essa lealdade elementar que obrigava um antigo, onde quer que estivesse e o que quer que fizesse, a comportar-se, como estoico, se um tivesse jurado fidelidade à *Stoa*[25].

Toda prática moderna da filosofia é restringida a uma aparência de erudição, de uma maneira política e policial que constitui o caso dos governos, das igrejas, das universidades, dos costumes, da moda e da covardia humana. Essa prática filosófica se limita a suspirar: "Se somente" ou a admitir: "Era uma vez". A filosofia já não tem razão de ser e é por isso que o homem moderno, por pouco que fosse corajoso e honesto, deveria rejeitá-la e bani-la com palavras semelhantes àquelas com que Platão expulsou os poetas trágicos de sua cidade. Ela poderia sem dúvida replicar, como também os poetas trágicos tiveram a possibilidade de replicar a Platão. Se fosse obrigada a falar, a filosofia poderia dizer mais ou menos isso: "Pobre povo! Será por minha culpa que devo vagar por todo o seu país como uma profetiza e que tenho de me dissimular e disfarçar como se fosse culpada e vocês os meus juízes? Olhem somente o que acontece com minha irmã, a arte! Ocorre com ela o mesmo que acontece comigo; estamos desgarradas entre os bárbaros e não sabemos mais como garantir nossa salvação. É verdade que toda justificação nos faz falta aqui, mas os juízes que vão nos fazer justiça deverão julgar vocês também e lhes dirão: "Tenham primeiramente uma civilização; em seguida aprenderão também o que quer e o que pode a filosofia".

3

A filosofia grega parece começar com uma ideia extravagante: a tese segundo a qual a água seria a origem e a matriz de todas as coisas. Será mesmo necessário deter-nos nela e levá-la a sério? Certamente, e por três razões: em primeiro lugar, porque esse enunciado trata de alguma maneira da origem das coisas; em segundo lugar, porque o faz sem imagem e sem fabulação; e, finalmente, em terceiro lugar, porque nela contém, embora em estado de crisálida, o pensamento que tudo é um. A razão citada em primeiro lugar deixa Tales ainda em comunidade com os religiosos e supersticiosos; mas a segunda o exclui dessa sociedade e se mostra a nós sob o semblante de pensador da natureza; e a terceira razão faz dele o primeiro filósofo grego.

Se ele tivesse dito que a terra se origina da água, teríamos apenas uma hipótese cientifica, uma hipótese falsa, mas, apesar disso, dificilmente refutável. Ele ultrapassa, porém, o quadro propriamente científico. Ao expor essa representação de unidade fundada na hipótese da água, Tales não superou somente o nível elementar das noções físicas da época, mas, pelo contrário, ultrapassou-o com um salto. As observações incoerentes, laboriosas e de tipo empírico que Tales havia feito sobre a proveniência e as transformações da água ou, mais exatamente, do elemento úmido, não teriam permitido nem mesmo sugerido uma generalização tão desmedida. O que o impeliu a isso foi um axioma metafísico, cuja origem é uma intuição de ordem mística e que encontramos em todos os sistemas filosóficos, ao lado dos esforços sempre renovados para exprimi-la melhor: é esse postulado que "tudo é um".

É notável ver que violência semelhante crença fez o conjunto da realidade empírica sofrer. É precisamente com Tales que se pode aprender como procedeu a filosofia em todos os tempos quando quis alcançar seu objetivo, que a atraía com seu encanto mágico, e isso a despeito da complicação da experiência. As bases de que parte para dar seus saltos para frente são bem reduzidas. A esperança e o pressentimento lhe dão asas. O entendimento calculador arqueja penosamente atrás dela e procura melhores apoios para alcançar igualmente aquele objetivo sedutor, ao qual sua companheira, mais divina, já chegou. Dir-se-ia ver dois viajantes ao sabor das águas de uma torrente selvagem que corre rolando pedras com ela: o primeiro, com pés leves, salta por sobre ele, usando as pedras e apoiando-se nelas para lançar-se à frente, embora elas afundem bruscamente atrás dele; o outro, permanece na margem, procurando em vão ajuda; deve primeiramente construir fundações que possam sustentar seu passo pesado e cauteloso; não há deus que o ajude a transpor a torrente.

O que é então que leva a filosofia tão rapidamente a seu objetivo? Acaso se distingue do pensamento calculador e avaliador por seu voo veloz que cobre grandes distâncias? Não, porque o que torna seu passo alado é uma força estranha, ilógica: a imaginação. Levada por ela, a filosofia avança aos saltos, de possibilidade em possibilidade que por um momento são tomadas por certezas. Aqui e acolá, chega até mesmo a apanhar no voo algumas certezas; um pressentimento genial as mostra a ela e adivinha de longe que nesse local há certezas demonstráveis. Mas a força da imaginação é particularmente potente quando se trata de captar num instante e trazer à luz analogias. Mais tarde, a reflexão traz seus critérios e seus padrões e procura substituir as analogias por igualdades e vínculos de causalidade com aquilo que foi percebido como justaposto. Mas, mesmo que isso nunca se demonstrasse absolutamente impossível, mesmo no caso de Tales, a prática filosófica, embora indemonstrável, tem ainda um valor; mesmo que estejam rompidos todos os apoios quando a lógica e a rigidez próprias ao que é empírico quiseram chegar a esse postulado "tudo é água", mesmo após a ruína do edifício científico, subsiste sempre, no entanto, um resto. E esse resíduo encerra precisamente uma força propulsora e, de algum modo, a esperança de uma futura fecundidade.

Evidentemente não quero dizer que esse postulado possa ainda conter uma maneira de "verdade" sob uma forma qualquer, que seja limitada, enfraquecida ou que seja considerada como uma alegoria; e mesmo que se imagine um pintor diante de uma cascata, que visse nas figuras saltitantes sob seus olhos a água fazendo um jogo artístico, e imaginando corpos humanos ou de animais, máscaras, plantas, rochedos, ninfas, anciãos, de modo que, para ele, o postulado "tudo é água" estaria confirmado. O valor do pensamento de Tales, ao contrário, reside precisamente no fato de que sua ótica não era nem mítica nem alegórica, mesmo depois que foi reconhecido indemonstrável. Os gregos, entre os quais Tales se tornou subitamente tão digno de atenção, nisso são exatamente o oposto dos espíritos realistas, pois, propriamente só acreditavam na realidade dos homens e dos deuses e consideravam a natureza inteira como somente um disfarce, mascaramento e metamorfose desses homens-deuses. O homem era para eles a verdade e o núcleo das coisas, todo o resto apenas aparência e jogo ilusório. É justamente por isso que era tão incrivelmente difícil para eles captar os conceitos como conceitos: e, ao inverso dos modernos, entre os quais mesmo o mais pessoal se sublima em abstrações, entre eles o mais abstrato sempre confluía de novo e concretamente numa pessoa.

Ora, Tales disse que "não é o homem, mas a água que é a realidade das coisas" e começa a acreditar na natureza, na medida em que, pelo menos, acredita na água. Como matemático e astrônomo, ele se havia detido em tudo o que é místico ou alegórico. E não conseguiu perder as ilusões até chegar a essa abstração pura de que "tudo é um", se ele se deteve numa formulação de ordem física, ele se tornou, no entanto, uma figura rara entre os gregos de seu tempo. Talvez os órficos, tão singulares, possuíram em grau mais elevado ainda a capacidade de captar abstrações e de pensar de maneira não figurada; mas só chegaram a exprimi-las sob a forma de alegoria. Mesmo Ferécides de Siros[26], contemporâneo de Tales, e próximo dele em muitas de suas concepções físicas, oscila ao exprimi-las nessa região intermediária em que o mito se une com a alegoria, de tal modo que, por exemplo, se aventura a comparar a Terra com um carvalho alado que, de asas abertas, paira no ar e que Zeus, depois de vencer Cronos[27], se envolve num faustoso manto de honra, no qual bordou, com suas próprias mãos, os continentes, os mares e os rios.

Diante de semelhante proposição dessa filosofia, cujas alegorias são obscuras e que dificilmente é transposta em imagens, Tales aparece como um mestre inventivo que, sem o auxílio de fábulas fantasiosas, começou a sondar as profundezas da natureza. Se para isso se serviu da ciência e empregou verdades demonstráveis para logo ultrapassá-las, esse é precisamente um traço característico do espírito filosófico. A palavra grega que designa o "sábio" está ligada etimologicamente a *sapio* (saboreio), *sapiens* (degustador), *sisyphos*, o homem do gosto mais apurado. Uma acuidade na atividade de discernimento e de conhecimento, uma grande capacidade de distinção constituem, portanto, segundo a consciência popular, a arte que define o filósofo. Ele não é hábil, se for classificado hábil aquele que conduz com vantagem seus próprios negócios. Aristóteles diz com razão que "aquilo que Tales e Anaxágoras sabiam nós o classificaríamos de extraordinário, de surpreendente, de difícil, de divino, mas também de inútil, porque eles não colocavam esse saber a serviço do bem dos homens". Ao escolher e descriminar o que é extraordinário, surpreendente, difícil, divino, a filosofia se define em oposição à ciência, do mesmo modo que se define com relação à habilidade ao preferir o inútil. A ciência, sem essa seleção, sem esse refinamento de gosto, precipita-se sobre tudo o que é possível saber, na cega avidez de querer conhecer a qualquer preço. O pensamento filosófico está, ao contrário, sempre no rastro das coisas mais dignas de serem conhecidas, dos conhecimentos que possuem uma grandeza e uma importância.

O conceito de grandeza, porém, é variável tanto no domínio moral como no estético. Assim a filosofia começa por legislar sobre a grandeza, fazendo-se acompanhar de uma designação. Ao dizer "isto é grande", ela eleva o homem acima da avidez cega e desenfreada de seu instinto de conhecimento. Ela domina esse instinto pelo conceito de grandeza e especialmente graças ao fato de considerar o conhecimento supremo, o conhecimento da essência e do núcleo das coisas, como atingível e já atingido. Quando Tales diz que "tudo é água", o homem estremece e se ergue do tatear e rastejar próprios das ciências isoladas, pressente a solução última das coisas e ultrapassa, por esse pressentimento, o acanhamento vulgar dos níveis inferiores do conhecimento. O filósofo procura fazer ressoar em si mesmo a harmonia do universo e exteriorizá-lo em conceitos; enquanto é contemplativo como o pintor, compassivo como o religioso, à espreita de finalidades e causalidades como o homem de ciência, enquanto se sente dilatar-se até a dimensão do macrocosmos, conserva a presença de espírito para considerar-se friamente como reflexo do mundo – presença de espírito que o artista dramático possui quando se encarna em outros corpos, fala com a voz deles e, contudo, sabe exteriorizar essa metamorfose e exprimi-la em versos. O que aqui é o verso para o poeta, é para o filósofo o pensamento dialético. Ele lança mão dele para fixar sua maravilha, para petrificá-la. E da mesma forma que, para o escritor, palavras e versos são apenas o balbuciar numa língua estrangeira para exprimir o que viveu e contemplou, de igual modo a expressão de toda intuição filosófica profunda pela dialética e pela reflexão científica é, de fato, o único meio de compartilhar o que foi visto; mas é um meio muito pobre e, no fundo, trata-se realmente de uma transposição metafórica, na qual não há como fiar-se totalmente, numa esfera e numa língua diferentes. Assim Tales viu a unidade do ser e, quando quis comunicá-la, falou da água!

4

Enquanto o tipo geral do filósofo, do qual Tales delineia o perfil, emerge com dificuldade do nevoeiro, a figura de seu grande sucessor já nos fala muito mais claramente. *Anaximandro* de Mileto, o primeiro filósofo a escrever entre os antigos, escreve como escreverá precisamente o verdadeiro filósofo, enquanto imperativos externos não o tiverem privado da imparcialidade e da simplicidade. O que escreveu num estilo grandioso está gravado na pedra, cada frase revela uma nova iluminação e exprime as contemplações sublimes em que se detém. O pensamento e seu estilo são marcos no caminho dessa sabedoria suprema. Essa acuidade lapidar marca a seguinte frase de Anaximandro: "De onde as coisas provêm, é para lá também que devem alcançar seu fim, segundo a necessidade; pois, devem expiar e ser julgadas por suas faltas, conforme a ordem do tempo". Enunciando enigmático de um verdadeiro pessimista, formação oracular gravada na aurora da filosofia grega, como vamos interpretá-la?

O único moralista seriamente intencionado de nosso século recomenda-nos , em *Parerga* [28], uma reflexão análoga: "O critério conveniente para julgar todo homem é que ele é um ser que não deveria existir, mas que expia sua existência por todo tipo de sofrimento e pela morte: o que se pode esperar de tal ser? Com efeito, não somos todos pecadores condenados à morte? Expiamos nosso nascimento uma primeira vez por nossa vida e uma segunda vez por nossa morte." Quem lê essa doutrina na fisionomia de nossa sorte humana universal e já reconhece a má índole fundamental de cada vida humana no simples fato de nenhuma delas suportar ser considerada atentamente e mais de perto – embora nossa época habituada à epidemia biográfica pareça ter outra opinião da dignidade humana e dela pensar mais favoravelmente – quem, como Schopenhauer, ouviu, "nos cumes do pensamento indiano", a palavra sagrada do valor moral da existência, dificilmente poderá ser impedido de fazer uma metáfora altamente antropomórfica e de tirar aquela doutrina melancólica de sua restrição à vida humana para aplicá-la, por transferência, ao caráter universal de toda existência.

É possível que não seja lógico, mas, em todo caso, é bem humano e, além disso, conforme ao estilo desse salto filosófico descrito anteriormente, considerar doravante com Anaximandro que todo devir é uma maneira culpada de se livrar do ser eterno, uma iniquidade que deve ser expiada pela morte. Tudo o que nunca conheceu um devir deve desaparecer de novo, quer se trate da vida humana, quer da água ou do calor e do frio: por toda parte, onde podem ser percebidas propriedades definidas, podemos predizer o desaparecimento dessas qualidades e podemos predizer seu desaparecimento apoiando-nos numa multidão de provas fornecidas pela experiência. Nunca, portanto, um ser que possui propriedades definidas e é constituído por elas pode, portanto, ser origem e princípio das coisas. O verdadeiro ser, conclui Anaximandro, não pode possuir nenhuma qualidade definida, senão teria sido gerado e seria condenado a perecer como todas as outras coisas. Para que o devir não cesse, o ser original só pode ser indefinido. A imortalidade e a eternidade do ser original não se baseiam no fato de que seria perpétuo e inesgotável, como o admitem comumente os comentadores de Anaximandro, mas, pelo contrário, naquilo que é destituído dessas qualidades definidas que conduzem à morte. É por isso mesmo que seu nome não o define, pois, é "o indefinido". O ser original assim denominado está acima do devir e é precisamente por isso que garante a eternidade e o curso ininterrupto do devir. Essa unidade última dentro desse "indefinido", matriz de todas as coisas, por certo só pode ser definida pelo homem de modo negativo, na medida em que nenhum predicado extraído do mundo do devir não pode lhe ser atribuído. Aí está o que nos permitiria considerá-lo como o equivalente à "coisa em si" em Kant[29].

Aquele que, no entanto, é capaz de discutir com outros sobre a verdadeira natureza do que teria sido esse elemento primeiro, perguntando-se se não seria um elemento intermediário entre o ar e a água, ou talvez entre o ar e o fogo, não teria de modo algum entendido nosso filósofo. E é também o que se deve dizer daqueles que se perguntam seriamente se Anaximandro não pensou seu elemento primeiro como uma mistura de todos os elementos existentes. Devemos, pelo contrário, dirigir nossa atenção ao que nos indica que Anaximandro já não tratava mais do problema da origem do mundo do único ponto de vista da física; dito de outra forma, nossa atenção deve orientar-se em função dessa frase lapidar que citamos no início. Se, ao contrário, viu na pluralidade das coisas que foram geradas uma soma de iniquidades a ser expiadas, terá sido o primeiro grego que captou audaciosamente o nó do mais complexo problema ético. Como é possível que algo, que tem direito à existência, desapareça? De onde vem essa expressão de contorção dolorosa que a natureza traz em seu semblante? De onde vem esse infindável lamento fúnebre que ressoa em todos os domínios da existência? Longe desse mundo onde reinam a iniquidade e a negação da unidade original das coisas, Anaximandro se refugiou numa torre metafísica, de onde, debruçado sobre o mundo, deixa então seu olhar vagar pelos arredores para, finalmente, depois de um silêncio meditativo, dirigir a todos os seres a pergunta: "O que vale a existência de todos vocês? E se não tiver valor algum, por que então estão ali? Constato que é por culpa de vocês que se demoram nessa existência. Devem expiá-la com a morte. Olhem como sua terra murcha; os mares se retraem e secam; uma concha sobre a montanha lhes mostra até que ponto já secaram. O fogo destrói desde agora seu mundo que, para terminar, se esvairá em fumaça. Mas é renovando-se sem cessar que este mundo da instabilidade se reconstruirá como era anteriormente. Quem seria capaz de livrá-los da maldição do devir?".

Para um homem que faz tais perguntas e cujo pensamento arrebatado rompe constantemente as armadilhas da realidade contingente, para logo tomar seu mais elevado impulso para além dos astros, certamente não adotou um modo de vida qualquer. Acreditamos de bom grado na tradição segundo a qual Anaximandro passeava trajado com vestes particularmente majestosas e mostrava um orgulho verdadeiramente trágico em seus gestos e hábitos. Viveu como escreveu. Sua maneira de falar era tão solene como sua maneira de se vestir.

Levantava a mão e pousava o pé como se essa existência fosse uma tragédia e que tivesse nascido para desempenhar o papel de herói. Em tudo foi o grande precursor de Empédocles. Seus concidadãos o elegeram para dirigir uma colônia de emigrantes – talvez tenham se alegrado por poder ao mesmo tempo venerá-lo e desvencilhar-se dele. Seu pensamento também emigrou e fundou colônias: em Éfeso e em Eleia não se desvencilharam dele. E se não puderam se decidir a permanecer perto dele, sabiam pelo menos que poderiam ser levados por ele para um local onde poderiam então continuar sem sua ajuda.

Tales mostra a necessidade de restringir o reino da multiplicidade e reduzi-lo a um puro e simples desdobramento ou a um disfarce da *única* qualidade existente, a água. Anaximandro, em dois passos, o ultrapassa. Primeiramente ele se pergunta como essa pluralidade é, apesar de tudo, possível, porquanto há somente uma unidade eterna. E deduz a resposta do caráter totalmente contraditório dessa pluralidade que se devora e se nega a si mesma. A existência desta última se torna para ele um fenômeno moral. Ela não é legitimada, mas encontra incessantemente sua expiação na morte. Mas então se põe a pergunta seguinte: "Por que, então, tudo o que conheceu um devir já não desapareceu de fato há muito tempo, visto que já transcorreu toda uma eternidade? De onde vem o fluxo sempre renovado do devir? Não conseguirá furtar-se a essa pergunta a não ser por novas suposições de ordem mística: o devir eterno só pode ter sua origem num ser eterno. As condições que determinam a queda desse ser num devir dentro da iniquidade são sempre as mesmas; a constelação das coisas é desde então de índole tal que não se pode prever nenhum término a esse exílio do ser individual fora do seio do "indefinido". Anaximandro ficou por aí; isto é, ficou nas trevas profundas que se estendiam como gigantescos fantasmas sobre os cumes de semelhante concepção do mundo. Quanto mais se quis procurar aproximar-se do problema de saber como, em primeiro lugar, o definido jamais pôde ser gerado pelo indefinido, traindo-o, depois como a temporalidade nasceu da eternidade, a iniquidade da justiça, e mais intensamente a noite escurecia.

5

Heráclito de Éfeso surgiu no meio dessa noite mística que envolvia o problema do devir em Anaximandro e o ilumina com um raio de luz divino: "Contemplo o devir", diz ele, "e ninguém perscrutou tão atentamente esse fluxo e esse ritmo eternos das coisas. E o que vi? Processos regulamentados, certezas infalíveis, vias sempre idênticas da justiça, o juízo das Erínias[30] por trás de cada infração às leis, o mundo inteiro como o espetáculo de uma justiça soberana e de forças naturais presentes em todos os lugares dos demônios de que dispõem. Não foi a punição do que entrou no devir, mas a justificação do devir que observei. Quando o crime e a negação se manifestaram sob formas invioláveis e nas leis piedosamente veneradas? Onde reina a iniquidade aparece então o arbitrário, a desordem, a irregularidade, a contradição; mas neste mundo onde só reinam a lei e a Diké[31], filha de Zeus, como poderia vigorar a esfera da culpa, da expiação, da condenação e, por assim dizer, um lugar de suplício para todos os condenados?".

Heráclito tirou dessa intuição duas negações ligadas uma à outra, que somente a comparação com as teses de seu predecessor põe à plena luz. Começou por negar a dualidade de dois mundos totalmente diferentes que Anaximandro se vira abrigado a admitir. Não fez mais a distinção entre um mundo físico e um mundo metafísico, entre um domínio das qualidades definidas e um domínio da indeterminação indefinível. Depois desse primeiro passo, não conseguiu defender-se com uma audácia ainda maior da negação: negou o ser em geral. De fato, esse mundo único que ele conservou – esse mundo protegido por leis eternas não escritas, animado pelo fluxo e refluxo obedientes à cadência de um ritmo de bronze – nada mostra de permanente, nada de indestrutível, nenhum baluarte barrando seu curso. Com uma voz mais potente que a de Anaximandro, Heráclito exclamou: "Só vejo o devir. Não se deixem enganar! É um efeito de sua vista curta e não da essência das coisas, se julgarem perceber em algum lugar terra firme sobre o mar do devir e do perecível. Utilizam os nomes das coisas como se elas tivessem uma duração fixa; mas até o próprio rio, no qual entram pela segunda vez, já não é o mesmo da primeira vez".

Heráclito é dotado soberanamente de uma capacidade extraordinária de representação intuitiva, enquanto se mostra frio, insensível e mesmo hostil para com esse outro modo de representação que procede por conceitos e combinações lógicas, dito de outra forma, para com a razão, e parece sentir certo prazer em poder contradizê-la com alguma verdade alcançada por intuição. E é o que faz em suas fórmulas como "Todas as coisas, em todo tempo, encerram em si seus contrários", o faz com tanta insolência que Aristóteles[32] o acusa de crime supremo perante o tribunal da razão, o acusa do pecado contra o princípio de contradição. Mas a representação intuitiva encerra dois aspectos diferentes: o primeiro é o mundo presente, colorido e mutável, que se comprime à nossa volta em todas as experiências; depois, as condições de possibilidade *a priori* de toda experiência deste mundo, isto é, o tempo e o espaço. De fato, o tempo e o espaço podem ser percebidos independentemente de toda experiência, mesmo quando seu conteúdo fosse indeterminado, e pela intuição, como puros em si, isto é, que podem ser apreendidos imediatamente.

Quando Heráclito considera então sob esse ângulo o tempo separado de toda experiência, possui aí o número mais rico de ensinamentos que dá a chave de tudo o que provém em geral do domínio da representação intuitiva. A maneira pela qual concebeu o tempo é também a de Schopenhauer, por exemplo, na medida em que, repetindo Heráclito, diz a propósito do tempo que cada um de seus instantes só existe ao destruir o instante procedente, seu pai, para ser ele próprio também destruído por sua vez logo em seguida, e que o passado e o futuro são tão pouca coisa como qualquer sonho, e que, finalmente, o presente é unicamente a fronteira inconsistente e sem extensão que a ambos separa. Mas Schopenhauer pensa igualmente que ocorre o mesmo com o tempo e o espaço e, como este, também tudo o que nele e no tempo existe só tem uma existência relativa, só existe para outro, a ele semelhante, isto é, que não tem mais consistência que ele. Esta é uma verdade de evidência imediata, acessível à intuição de todos, o que a torna precisamente muito difícil de atingir pela via dos conceitos e da razão. Mas quem a tem diante dos olhos deve também passar imediatamente à consequência de Heráclito e afirmar que a essência total da realidade é só atividade e que para ela não há outra modalidade de ser; foi exatamente o que Schopenhauer expôs (em *O mundo como vontade e representação*, tomo I, livro I, 4):

> Somente porque é ativa é que ela preenche o espaço e o tempo; e é sua ação sobre o objetivo imediato, ele próprio material, que gera a percepção, sem a qual não há matéria; o conhecimento da influência exercida por um objeto material qualquer sobre outro só é possível se este último age, por sua vez, de maneira diferente de antes sobre o objeto imediato; a isso se reduz tudo o que podemos saber. A essência total da matéria só é, portanto, causa e efeito; seu ser consiste unicamente em sua atividade. É, portanto, com uma singular precisão que designamos em alemão o conjunto das coisas materiais pela palavra "*Wirklichkeit*" (realidade efetiva), que é muito mais expressiva que "*Realität*" (realidade). Aquilo sobre o qual a matéria age é sempre e de novo matéria: sua realidade e sua essência consistem, pois, unicamente na modificação produzida regularmente por *uma* de suas partes sobre a outra; mas essa é uma realidade totalmente relativa; as relações que a constituem só são válidas nos próprios limites do mundo material, de modo absoluto como para o tempo e para o espaço.

A representação de um devir único e eterno, da total inconsistência de todo o real que não cessa de agir, de ser em devir e de não ser nada, como o ensina Heráclito, é uma representação assustadora e surpreendente. É totalmente semelhante no efeito que produz à impressão de um homem que, por ocasião de um terremoto, perde a confiança na terra firme. É coisa de rigor pouco comum transformar esse efeito em seu contrário. Heráclito chegou a esse ponto observando o processo característico desse devir e desse declínio que apreende sob a forma da polaridade e como a luta de uma força dividida em duas atividades qualitativamente diferentes e opostas que tendem de novo a unir-se. Incessantemente uma qualidade se cinde e se divide em dois que, incessantemente, tendem a se reunir. A opinião comum certamente julga reconhecer algo de fixo, de realizado, de constante, quando, na realidade, luz e sombra, doçura e amargura são a todo instante relacionadas uma à outra como dois lutadores, dos quais ora um, ora outro leva vantagem. Para Heráclito, o mel é ao mesmo tempo amargo e doce, e o próprio mundo é um recipiente cheio de mistura que deve ser agitado constantemente.

Todo o devir nasce do conflito dos contrários. As qualidades definidas que nos parecem duradouras só exprimem a supremacia momentânea de um dos lutadores, mas a luta não deixa de continuar, o combate prossegue eternamente. Tudo acontece em função dessa luta e é precisamente esse combate que revela a justiça eterna. É uma concepção admirável, haurida da mais pura fonte da civilização grega e para a qual a luta como é o reino perpétuo de uma justiça coerente e severa, vinculada a leis eternas. Só um grego era capaz de inventar semelhante concepção para fazer dela o fundamento de uma cosmodiceia; é a boa Éris de Hesíodo[33], erigida em princípio universal, é a concepção da rivalidade própria do homem grego e da cidade grega. Essa concepção se origina nos ginásios e nas palestras, nas disputas artísticas, nas lutas dos partidos políticos e das cidades entre si, foi elevada ao mais alto grau de universalidade, de maneira que se torna então o elemento em torno do qual se gira o eixo do mundo. Do mesmo modo que todo homem grego luta como se fosse o único a ter razão e como se um critério de arbitragem e de juízo indefinidamente certo determinasse em cada instante para que lado pende a vitória, assim também lutam entre si as qualidades, segundo regras e leis indestrutíveis, imanentes ao combate. As próprias coisas que a inteligência limitada do homem e do animal julga sólidas e constantes não têm nenhuma existência própria, não passam de clarões e de faíscas que saem de espadas brandindo, são os clarões da vitória na luta das qualidades que se opõem.

Essa luta própria a todo devir, essa alternância eterna da vitória, Schopenhauer por sua vez as descreve (*O mundo como vontade e representação*, tomo I, livro II, 27):

> A matéria, em sua permanência, deve mudar incessantemente de forma, porque os fenômenos mecânicos, físicos, químicos e orgânicos, seguindo o fio condutor da necessidade e pressionados a aparecer, a disputam obstinadamente entre si para manifestar cada um sua ideia. Pode-se seguir essa luta em toda a natureza, porque ela só existe mediante esse conflito.

As páginas seguintes apresentam as ilustrações mais notáveis desse conflito: mas a tônica fundamental dessa descrição já não é a de Heráclito porque a luta, para Schopenhauer, não passa de uma prova de desdobramento de si do querer-viver, uma maneira de se devorar a si mesmo desse instinto sombrio e confuso. Para ele é um fenômeno absolutamente assustador e que em nada representa uma ocasião de se regozijar. A arena e o objeto dessa luta é a matéria, que as forças naturais, cada uma de seu lado, tentam dilacerar e são também o espaço e o tempo, cuja síntese operada pela causalidade constitui precisamente a matéria.

6

Enquanto a imaginação de Heráclito perscrutava o universo em perpétuo movimento e a "realidade" com o olhar alegre do espectador que assiste à luta de inúmeros pares sob a vigilância de árbitros severos, teve um pressentimento ainda mais profundo: foi-lhe impossível considerar os pares em luta separadamente de seus juízes; os próprios juízes pareciam lutar e os lutadores pareciam estar arbitrando sua luta. Mais ainda, como não captava no fundo senão uma única justiça de reino eterno, chegou ao ponto de exclamar: "O combate dentro do múltiplo é ele próprio a única justiça!". E mais genericamente: "O um é o múltiplo". De fato, que são todas essas qualidades quanto à sua essência? São divindades imortais? São essências separadas agindo desde o começo e sem fim por si mesmas? E se o mundo que vemos só conhece devir e declínio e ignora o que permanece, não deveriam talvez essas qualidades construir um mundo metafísico totalmente diferente e não propriamente um mundo da unidade que Anaximandro procurava atrás do véu flutuante da pluralidade, mas um mundo de pluralidades eternas essenciais? E, no entanto, Heráclito não se aventurou, por algum desvio, em descobrir de novo uma articulação dualista do mundo, embora o negue com veemência, tendo de um lado um Olimpo de inumeráveis divindades e demônios imortais – isto é, uma *multidão* de realidades – e, de outro, um mundo dos homens em que só se percebem as nuvens de poeira do combate olímpico e o brilho das lanças divinas; dito de outra forma, que só vê um devir? Diante das qualidades definidas, Anaximandro tinha encontrado refúgio precisamente dentro do "indefinido" metafísico. Na medida em que essas qualidades conhecem um devir e um fim, ele lhes havia recusado a verdadeira e infrangível existência. Mas não pareceria desde então que tudo se passa necessariamente como se o devir fosse apenas a manifestação sensível de um combate entre qualidades eternas? Isso não significaria voltar à fraqueza constitutiva do conhecimento humano, quando falamos de devir – quando talvez não haja mesmo nenhum devir na essência das coisas, mas unicamente a justaposição de múltiplas realidades autênticas, sem devir e indestrutíveis?

Essas são escapatórias e caminhos enganosos, indignos de Heráclito; ele continua a clamar: "O uno é o múltiplo!". As múltiplas qualidades perceptíveis não são essências nem fantasmas de nossos sentidos (essa primeira hipótese será mais tarde a de Anaxágoras, e Parmênides retomará por sua vez a segunda), não são nem um ser imóvel e único soberano, nem a aparência fugidia que atravessa nossas mentes. A terceira hipótese, a única que Heráclito retém, não poderá ser adivinhada nem calculada antecipadamente por ninguém dotado de faro dialético, pois, o que descobriu nela é uma raridade até no domínio do que a mística tem de inacreditável e mesmo entre as metáforas cósmicas mais inesperadas.

O mundo é o *jogo* de Zeus ou, em termos físicos, o jogo do fogo consigo mesmo; é somente nesse sentido que o uno é simultaneamente o múltiplo.

Para explicar primeiramente essa introdução do fogo como força constitutiva do mundo, recordo de que maneira Anaximandro tinha prosseguido na elaboração da teoria da água, considerada como origem das coisas. Embora confiando em Tales no tocante ao essencial e consolidando e ampliando suas observações a esse respeito, Anaximandro não estava, no entanto, convencido de que não houvesse qualquer outro grau de qualidade antes e, por assim dizer, por detrás da água; parecia-lhe, ao contrário, que o úmido se formava por si mesmo a partir do frio e do calor. Por isso, o calor e o frio deviam ser os estádios preliminares da água e serem as qualidades ainda mais originárias. O devir começa quando elas se separam do ser primordial, do "indefinido". Heráclito que, como físico, se sujeitou à autoridade de Anaximandro, interpreta por seu turno essa teoria do calor para fazer dela a exalação, o sopro quente, os vapores secos, em resumo, o elemento ígneo. E dirá desse fogo o que Anaximandro e Tales tinham dito da água: percorre sob inumeráveis formas mutantes as vias do devir, mas inicialmente sob os três estados principais, que são o calor, o úmido e o sólido. De fato, a água em parte se transforma em terra quando desce na escala dos estados, em parte em fogo quando torna a subir esses graus; ou, segundo a expressão de Heráclito, que parece ser mais exato: do mar só se elevam os vapores puros, que servem de alimento ao fogo celeste dos astros; da terra só se elevam os vapores escuros e nebulosos, que servem de alimento ao úmido. Os vapores puros representam o estado intermediário entre o mar e o fogo, os vapores impuros representam a transição da terra para a água. As duas vias de transformação do fogo sobem e descem sem cessar, vão e vêm, paralelamente uma à outra, do fogo à água, depois da água a terra, da terra novamente à água, da água ao fogo.

Embora Heráclito siga Anaximandro no tocante às mais importantes dessas concepções, por exemplo, quando diz que o fogo é sustentado pelas evaporações ou quando afirma que da água se separa em parte a terra, em parte o fogo, mostra-se, contudo, independente e contradiz o mestre quando exclui o frio do processo físico, ao passo que Anaximandro o tinha colocado junto do calor para fazer nascer o úmido da união desses dois elementos. Essa exclusão era realmente uma necessidade para Heráclito, pois, se tudo devesse ser fogo, sua transformação sob qualquer forma não resultaria em nada que fosse seu contrário absoluto. Heráclito interpreta assim o que se chama frio apenas como um grau do calor e pôde justificar essa interpretação sem dificuldades. Mas muito mais importante que esse desvio da doutrina de Anaximandro é uma coincidência: ele acredita, de fato, num colapso do mundo, que se repete periodicamente, e no surgimento sempre novo de outro mundo, nascido da combustão cósmica que tudo aniquila. É extremamente surpreendente que Heráclito caracterize o período em que o mundo acorre ao encontro dessa combustão cósmica e da desintegração no fogo puro, como um desejo e uma necessidade, e a plena consumação pelo fogo como a saciedade. Resta-nos ainda saber como entendeu e designou o novo instinto de criação do mundo, esse instinto que desperta e se difunde nas formas da pluralidade. O provérbio grego segundo o qual "a saciedade gera o crime" (a *hybris*) parece vir em nosso auxilio. De fato, podemos perguntar-nos por um instante se Heráclito fez derivar da *hybris* esse retorno à pluralidade. Levemos essa ideia a sério: à sua luz, o rosto de Heráclito se transforma a nossos olhos, o orgulhoso brilho de seus olhos se apaga, uma ruga de dolorosa renúncia e de impotência se desenha em seus traços. Parece que compreendemos porque a antiguidade tardia o chamou "o filósofo que chora". O conjunto do processo universal não parece doravante um castigo da *hybris*? A pluralidade não seria o resultado de um crime? A transformação do puro em impuro, uma consequência da iniquidade? A culpa não se instala a partir de então no coração das coisas? E o mundo do devir e dos indivíduos que se vê assim libertado, não está ao mesmo tempo condenado a sofrer por causa disso novas consequências?

7

Esta palavra perigosa, *hybris*, é de fato a pedra de toque de todo discípulo de Heráclito. É aqui que pode demonstrar sua compreensão ou não da doutrina do mestre. Será que este mundo é o lugar da culpa, da iniquidade, da contradição, do sofrimento?

Sim, exclama Heráclito, para o homem encerrado em seus limites e que vê as coisas separadas umas das outras, mas que não as vê em seu conjunto, mas não para o deus que vê o mundo em sua continuidade. Para este, todos os contrários confluem numa harmonia, invisível, é verdade, ao olhar humano comum, mas inteligível para quem, como Heráclito, se assemelha ao deus contemplativo. Nenhuma gota de iniquidade subsiste sob seu olhar de fogo, no mundo que se estende em torno dele. E mesmo essa comparação sublime, o processo pelo qual o fogo puro pode revestir formas tão impuras triunfa graças a uma sublime analogia. Só neste mundo, o fogo do artista e da criança conhece um devir e uma morte, construído e destruído sem qualquer imputação moral, no seio de uma inocência eternamente intacta. E, assim como brincam o artista e a criança, assim brinca também o fogo eternamente vivo, assim constrói e destrói com toda a inocência... e esse jogo é o Aion[34] jogando consigo mesmo. Transformando-se em água e em terra, recolhe, como uma criança, montes de areia à beira do mar, amontoa e destrói. De vez em quando, recomeça o jogo. Um instante de saciedade, depois a necessidade de se apoderar outra vez dele, tal como a necessidade obriga o artista a criar. Não é a perversidade, mas o instinto do jogo sempre despertando de novo que chama à vida novos mundos. Às vezes, a criança joga fora seu brinquedo, mas logo o retoma, obedecendo a seu capricho inocente. Logo que constrói, porém, junta, liga e estrutura as formas com lógica, segundo articulações internas.

Semelhante visão do mundo só pode ser coisa do homem que conheceu, em contato com o artista e vendo a natureza, uma obra de arte como o combate da pluralidade pode, no entanto, encerrar em si uma lei e uma justiça, como o artista é ao mesmo tempo contemplativo e ativo com relação à sua obra, como necessidade e jogo, conflito e harmonia devem se aliar para produzir uma obra de arte.

Quem irá então exigir que tal filosofia nos dê a mais uma moral e seu indispensável imperativo: "Tu deves!" E quem chegará a recriminar Heráclito pela ausência dessa moral? O homem, até sua última fibra, é inteiramente necessidade e absolutamente "não liberdade" – se por liberdade se entender a exigência extravagante de poder mudar a natureza segundo o próprio capricho, como uma roupa, pretensão que toda filosofia digna desse nome recusou até agora com a ironia requerida. Se o número dos homens, daqueles que vivem conscientemente no logos e em conformidade com o olho do artista que tudo abrange com um olhar, é tão restrito, isso decorre do fato de que suas almas são úmidas e porque seus olhos e seus ouvidos, mas particularmente seu intelecto, são más testemunhas, quando "a lama úmida se apodera de suas almas". Por que isso é assim, é algo sobre que não se pergunta. Tampouco se pergunta sobre o porquê da transformação do fogo em água e terra. Heráclito, além do mais, não tem razão alguma de se *sentir obrigado* a provar (enquanto Leibniz[35] tinha razão para tanto) que este mundo é de longe o melhor possível; para ele é suficiente que seja o belo e inocente jogo de Aion. Considera até mesmo que o homem, em geral, é um ser irracional, o que não contradiz o fato de que a lei e a razão soberana se realizem em todo o seu ser. Ele nem sequer ocupa uma posição privilegiada na natureza, cuja manifestação suprema é o fogo, sob a forma de um astro, por exemplo, mas não o homem limitado. Se este participa de alguma maneira do fogo, graças ao apoio da necessidade, então é um pouco mais racional. Enquanto se considera composto de água e terra, sua razão é realmente pouco contemplada. Pelo simples fato de ser homem, nem por isso é obrigado a conhecer o logos. Mas por que há água, por que há terra? Aí está, para Heráclito, um problema muito mais sério do que saber por que os homens são tão estúpidos e tão maus. A mesma lei e a mesma justiça imanentes se revelam no homem superior como no mais medíocre. Mas se porventura se quisesse perguntar a Heráclito: "Por que o fogo não é sempre fogo, por que ora é água, ora terra?" Ele se contentaria a responder: "É um jogo, não o tomem de modo trágico e especialmente não o considerem de um ponto de vista moral!". Heráclito se limita a descrever o mundo existente e o considera com essa satisfação contemplativa com a qual o artista considera sua obra em vias de realização. Somente aqueles que têm alguma razão para não estarem satisfeitos com sua descrição que faz da natureza humana o acharam triste, melancólico, chorão, sombrio, bilioso, pessimista e, enfim, detestável. Mas esses homens, com todas as suas antipatias, suas simpatias, seu ódio e seu amor, teriam ficado indiferentes para com ele e ele lhes teria servido sem dúvida algumas sentenças deste tipo: "Os cães ladram a todos aqueles que não conhecem" ou "O burro prefere a palha ao ouro".

São também esses descontentes que com muita frequência se lamentam diante da obscuridade do estilo de Heráclito. E sem dúvida jamais um homem escreveu de forma mais clara e mais luminosa. Estilo muito lacônico, na verdade; por isso, obscuro para aqueles que leem superficialmente. Mas não se explica de forma alguma por que razão um filósofo deveria escrever de propósito num estilo pouco claro – o que se costuma recriminar a Heráclito – e não se sabe se ele tinha alguma razão para esconder seu pensamento ou se era suficientemente tratante para dissimular em palavras o fato de não conseguir pensar. É preciso evitar cuidadosamente, mediante a clareza, como diz Schopenhauer, mesmo nas circunstâncias normais da vida prática e corrente, mal-entendidos possíveis; como é que alguém poderia então se expressar de maneira imprecisa e até enigmática, ao tratar do objeto mais difícil, mais abstruso e menos acessível ao pensamento, ao tratar das tarefas próprias da filosofia? Mas Jean-Paul, no tocante ao laconismo, nos dá um bom conselho: "Em geral, é bom que tudo o que é grande – rico de sentido para um espírito raro – não seja expresso senão sob forma breve e (por essa razão) obscura, a fim de que o espírito medíocre prefira ver nisso uma falta de sentido antes que transpô-lo na inanidade de seu pensamento. De fato, os espíritos comuns possuem a odiosa habilidade de só verem, no aforismo mais profundo e mais rico, nada que vá além de seu próprio bom senso cotidiano". De resto e apesar de tudo, Heráclito não escapou dos "espíritos medíocres"; já os estoicos o interpretaram enfraquecendo-o e reduziram sua concepção estética fundamental do jogo do universo à atenção trivial que se dedica às oportunidades oferecidas pelo mundo, e isso, bem entendido, em proveito do homem, de tal modo que sua física deu à luz, nesses espíritos, um otimismo grosseiro e que exige constantemente de Pedro e de Paulo um *plaudite amici*! (aplaudam, amigos!).

8

Heráclito era orgulhoso; e quando se trata de orgulho para um filósofo, trata-se de um grande orgulho. A atividade do filósofo nunca o distingue na atenção de um "público", na aprovação das massas e no coro entusiasta de seus contemporâneos. Seguir um caminho solitário faz parte da condição de filósofo. Seu dom é o mais raro e, de certa maneira, o menos natural que possa existir, e é por isso que ele exclui até os dons próximos do seu e que lhe são hostis. Os muros da solidão com que se satisfaz devem ser de diamante para não serem destruídos nem abatidos em brechas, pois, tudo se movimenta contra ele. Sua viagem para a imortalidade é mais penosa e mais contrariada que qualquer outra. E, no entanto, ninguém mais que o filósofo pode estar seguro de nela alcançar seu próprio fim – porque não sabe onde pousar, a não ser nas asas abertas de todas as épocas. Com efeito, o fato de não levar em consideração o momento e o instante presentes é parte integrante da grande natureza filosófica. Ele possui a verdade, e a roda do tempo pode rodar para onde quiser, nunca poderá subtrair-se à verdade. É importante saber que tais homens existiram um dia.

Nunca se chegará a imaginar o orgulho de Heráclito, por exemplo, como uma pura e simples possibilidade. Parece que em si e por essência, toda aspiração ao conhecimento seja eternamente insatisfatória e insatisfeita. Por isso, ninguém poderia crer, a não ser que tenha sido ensinado pela história, numa tão régia ideia de si, uma tão soberana convicção de ser o único pretendente cumulado pela verdade. Homens desse tipo vivem dentro de seu próprio sistema solar e é ali que se deve procurá-los. Um Pitágoras, um Empédocles se tratavam a si mesmos com a mesma estima sobre-humana e, muito mais, com um temor quase religioso. Mas o vínculo da compaixão, aliado à profunda crença numa migração das almas e na unidade de tudo o que vive, voltou a levá-los aos outros homens, à sua salvação e à sua redenção. Entretanto, não se pode de forma alguma adivinhar qual foi o sentimento de solidão que penetrava o eremita efésio do templo de Ártemis[36], se a gente não se sentir igualmente petrificado de medo na montanha mais deserta e selvagem. Nunca emana dele o sentimento onipotente dos impulsos de compaixão, nenhum desejo de ajudar, de curar e de salvar. É um astro sem atmosfera. Seu olhar, que só flameja com um fogo interior, só se abre na aparência, morto e gélido, sobre o mundo. Em torno dele, as ondas da loucura e do delírio batem diretamente contra os anteparos de seu orgulho: ele volta as costas com desgosto, mas até os homens de coração sensível evitam essa máscara, que parece feita de bronze. Um ser assim pode parecer mais compreensível num santuário isolado, entre as estátuas dos deuses, cercado de uma arquitetura fria, tranquila e sublime. O personagem de Heráclito era inapropriadamente comparado aos outros homens e se é verdade que foi visto observando os jogos de crianças barulhentas, ninguém, em todo caso, viu nessa ocasião o que ele compreendeu ali: o jogo do menino-mundo, Zeus[37]. Ele não teve necessidade dos homens, nem mesmo para aumentar seus conhecimentos. Tudo o que se podia eventualmente aprender interrogando os homens e tudo o que os outros sábios se haviam esforçado por obter dele, pouco lhe importava. Falava com desprezo desses homens que interrogam, que colecionam, em resumo, desses "históricos". "Foi a mim mesmo que procurei e que tentei interpretar", dizia ele de si próprio, empregando a palavra que define a interpretação de um oráculo: como se ele fosse o único, ele e mais ninguém, a realizar e a cumprir verdadeiramente o preceito de Delfos[38]: "Conhece-te a ti mesmo".

Mas o que ouviu nesse oráculo e o que dele deduziu, ele o considerou como sabedoria imortal, rica de sentido para a eternidade, uma sabedoria cuja influência se estenderia sem limites, à imagem dos discursos proféticos da Sibila[39]. É suficiente para a humanidade mais distante: desde que se aplique a interpretar, como se de oráculos se tratasse, o que ele, a exemplo do deus de Delfos, "não diz nem esconde". Embora dê justamente a conhecer essa sabedoria "sem um sorriso, sem ornato e sem bálsamo", mas, ao contrário, ele a exprime com "a boca espumante", ela *deve* atingir os milênios futuros. De fato, o mundo tem eternamente necessidade da verdade, tem, portanto, eternamente necessidade de Heráclito, embora ele não necessite do mundo. Que *lhe* importa sua glória? A glória junto dos "mortais que desaparecem sem cessar!", exclama ele ironicamente. Sua glória importa aos homens, não a ele. A imortalidade da humanidade tem necessidade dele, mas ele não tem necessidade da imortalidade do homem Heráclito. O que ele contemplou, *sua doutrina da lei no devir e do jogo na necessidade*, deve estar doravante presente no espírito por toda a eternidade. Foi ele que levantou a cortina desse espetáculo grandioso.

9

Enquanto cada palavra de Heráclito exprime o orgulho e a majestade da verdade, mas de uma verdade que ele apreende por intuição sem galgar pela escada de corda da lógica, enquanto a percebe num êxtase sibilino antes que pela observação, e que a reconhece em vez de deduzi-la, seu contemporâneo *Parmênides* constitui seu par e seu contrário; ele representa, no entanto, o tipo de um profeta da verdade, mas escoado, por assim dizer, num molde de gelo e não de fogo, difundindo em torno dele uma luz fria e penetrante.

Em certo momento, provavelmente numa idade muito avançada, Parmênides soube captar a abstração mais pura, mas totalmente exangue, e que nenhuma realidade chega a perturbar; esse momento – o menos grego de toda a época da tragédia, que abrange séculos – cujo produto é a teoria do ser, se tornou o ponto de demarcação que dividiu sua vida em dois períodos. Mas esse momento divide também o pensamento pré-socrático em duas metades, em que a primeira pode ser chamada a época de Anaximandro e a segunda é precisamente a de Parmênides. O primeiro período, o mais antigo na filosofia de Parmênides, carrega ainda precisamente a marca de Anaximandro; este período, em resposta às questões de Anaximandro, produziu um sistema físico-filosófico completo. Mais tarde, quando foi acometido desse calafrio glacial da abstração e enunciou o mais simples dos princípios sobre o ser e o não ser, seu próprio sistema figurou também entre as numerosas teorias anteriores que arruinava. Mas não parece ter perdido toda a afeição paterna em relação à criança forte e bem formada de sua juventude e é por isso que ousava dizer: "Certamente há apenas um caminho verdadeiro, mas se algum dia quisesse seguir outro, então minha primeira concepção é a única justa por sua qualidade e por seu rigor". Protegendo-se por trás dessa fórmula, conferiu a seu primeiro sistema físico um lugar de honra e importante dentro de seu grande poema sobre a natureza que, de forma definitiva, devia proclamar sua nova doutrina como o único guia para conduzir à verdade. Essa atenção paterna, mesmo quando pudesse introduzir um erro, é um resto de sensibilidade humana numa natureza totalmente petrificada na intransigência lógica, e quase transformada numa máquina de pensar.

Parmênides, que provavelmente conheceu e se encontrou com Anaximandro, no que acredito de bom grado, e que recebeu apoio, não provavelmente, mas evidentemente, a sua doutrina, nutria com relação a uma separação absoluta entre um mundo do ser puro e um mundo do puro devir os mesmos sentimentos de desconfiança que haviam invadido também Heráclito e o haviam levado a negar o próprio ser. Ambos procuraram evitar a oposição e a divisão do mundo em duas ordens distintas. O salto no indefinido – o indefinível – que havia permitido a Anaximandro escapar de uma vez por todas do reino do devir e de suas qualidades empiricamente dadas, não foi fácil para espíritos de uma feição tão independente como os de Heráclito e Parmênides. Eles se empenharam primeiramente em ir tão longe quanto possível e esperaram para saltar até chegar àquele local onde o solo falta sob os pés e onde é necessário saltar para não cair. Ambos se puseram, repetidas vezes, a considerar precisamente esse mundo que Anaximandro tinha condenado com tanta amargura, que havia interpretado como a morada do crime e, ao mesmo tempo, como o local onde a iniquidade do devir é expiada. Em sua intuição do mundo, Heráclito descobriu, como acabamos de ver, que ordenação, que regularidade e que certeza maravilhosa se revelam em todo devir; concluiu disso que o devir não poderia ser em si, em absoluto, criminoso e injusto.

Parmênides teve uma visão completamente diferente; ele comparou as qualidades e julgou descobrir que elas não seriam todas da mesma espécie, mas que era necessário classificá-las em duas categorias. Comparando a luz e a escuridão, por exemplo, a segunda dessas qualidades era visivelmente apenas a *negação* da primeira. Distinguiu, portanto, qualidades positivas e qualidades negativas, esforçando-se seriamente por encontrar e assinalar essa oposição fundamental em todo o reino da natureza. Procedia nisso segundo o método seguinte: tomava um grupo de contrários, por exemplo, leve e pesado, fino e espesso, ativo e passivo, e os remetia a essa oposição exemplar da luz e da escuridão. O que correspondia à luz era a qualidade positiva e o que correspondia à escuridão era a qualidade negativa. Se tomava, por exemplo, o pesado e o leve: o leve ficava ao lado da luz, o pesado do lado da escuridão; considerava também o pesado como sendo apenas a negação do leve e o leve, pelo contrário, como uma qualidade positiva. Esse método por si só implica uma disposição rígida a se fechar às sugestões dos sentidos e a raciocinar segundo a abstração lógica. O pesado não parece, pois, se impor aos sentidos com uma real insistência como uma qualidade positiva? Isso não impediu Parmênides de lhe conferir a marca de uma qualidade negativa. É assim que classificou como simples negações a terra em oposição ao fogo, o frio em oposição ao calor, o espesso em oposição ao fino, o feminino em oposição ao masculino, o passivo em oposição ao ativo, de tal modo que a seus olhos nosso mundo empírico se dividia em duas esferas separadas, aquela das qualidades positivas – de caráter claro, ígneo, quente, fino, ativo e masculino – e aquela das qualidades negativas. Estas últimas exprimem propriamente apenas a falta, a ausência das outras, as positivas. Foi assim que descreveu a esfera a que faltam as qualidades positivas como obscura, terrestre, fria, pesada, espessa e, em geral, caracterizada pela passividade e pela feminilidade. Em vez dos atributos "positivo" e "negativo", usou os termos fixos de "ser" e "não ser" e chegou assim a essa tese, oposta à de Anaximandro, que nosso próprio mundo encerrava certa parte de ser, mas na verdade também certa parte de não ser. Não se deve procurar o ser fora de nosso mundo e, de algum modo, além de nosso horizonte; mas é diante de nossos olhos e, portanto, em todo devir que há certa parte de ser e que é ativa.

Entretanto, restava-lhe ainda responder de maneira mais precisa a esta pergunta: "O que é o devir?..." E esse foi o momento em que teve de saltar para não cair, embora, sem dúvida, para temperamentos como o de Parmênides, todo salto tenha o sentido de uma queda. É o caso de dizer aqui que chegamos no nevoeiro, na mística das *qualitates occultae* (qualidades ocultas) e, de algum modo, até mesmo na mitologia. Parmênides concebe também, como Heráclito, o devir e a mobilidade universais, mas não consegue compreender o desaparecimento a não ser imputando-o necessariamente ao não ser. De fato, como o ser poderia carregar a culpa do desaparecimento! Mas o próprio nascimento só pode ocorrer se o não ser lhe der auxílio, pois, o ser está sempre aí e não poderia de forma alguma gerar-se a si mesmo, nem explicar qualquer nascimento. Assim, tanto o nascimento como a morte são ambos produzidos por qualidades negativas. Mas o fato de quem está para nascer possui um conteúdo e quem está para morrer perde seu conteúdo, pressupõe que as qualidades positivas – isto é, precisamente esse conteúdo – participam igualmente desses dois processos. Em resumo, disso resulta a tese de que "o ser como o não ser são necessários ao devir e que é de sua ação conjugada que um devir nasce".

Mas como o positivo e o negativo entram em relação? Não deveriam, ao contrário, repelir-se eternamente, na medida em que se opõem, e com isso tornar impossível todo devir? Aqui, Parmênides apela para uma *qualitas occulta* (qualidade oculta), para uma tendência mística dos contrários em se aproximarem e se atraírem, simbolizando essa oposição pelo nome de Afrodite[40], comparando-a com a relação empírica evidente entre masculino e feminino. Compete ao poder de

Afrodite unir os contrários, o ser ao não ser. É o desejo que aproxima os elementos que estão em luta e que se odeiam; disso resulta um devir. Quando o desejo está satisfeito, o ódio e a contradição interna separam novamente o ser e o não ser – e o homem então diz: "Uma coisa morre...".

10

Mas ninguém se engana impunemente com abstrações tão temíveis como são o "ser" e o "não ser"; o sangue se coagula aos poucos quando se acede a elas. Um dia, Parmênides teve uma estranha intuição, que parecia depreciar todas as suas construções anteriores, de tal forma que tinha vontade em jogá-las nos entulhos como se joga uma bolsa de velhas moedas sem valor. Supõe-se habitualmente que na descoberta daquele dia contribuiu não apenas a consequência interna de tais conceitos como "ser" e "não ser", mas também uma influência externa: o conhecimento da teologia do velho rapsodo errante, daquele que havia cantado a divinização mística da natureza, *Xenófanes* de Colofonte[41].

Xenófanes tinha levado uma vida extraordinária de poeta errante e se havia tornado, graças a suas viagens, um homem que havia aprendido muito e com o qual havia muito a aprender; sabia interrogar e narrar. Por isso Heráclito o contava entre os poli-historiadores e em geral entre os espíritos "historiadores" no sentido mencionado. De onde e quando lhe veio esse impulso místico para o Uno e o eterno Imóvel, ninguém pode verificar. Sem dúvida, é somente a concepção de um ancião, finalmente sedentário, que, após a agitação de sua vida nômade, após sua incessante atividade de estudo e de pesquisa, imagina o ser supremo e sublime através da visão de uma imobilidade divina, e da permanência de todas as coisas no seio de uma paz original e panteísta. No restante, parece-me puramente casual que, exatamente no mesmo lugar, em Eleia, tenham vivido por algum templo lado a lado dois homens, cada um com uma doutrina sobre a unidade. Não formaram escola e não tinham nada em comum, nada que um pudesse ter aprendido do outro e então ensinado. De fato, a origem dessa concepção da unidade é completamente diferente, até mesmo oposta à do outro. E, mesmo que um tivesse podido aprender a teoria do outro, ele precisaria, apenas para entendê-la, traduzi-la primeiramente em sua própria linguagem. Em todo caso, essa transposição ocorreu e é precisamente o caráter específico de uma ou de outra doutrina que, de qualquer maneira, se perdeu.

Enquanto Parmênides chegou à unidade do ser graças unicamente à dedução lógica, e que acreditava como tal, retirando-a da compreensão do ser e do não ser, Xenófanes é um místico e um crente, cuja concepção mística da unidade pertence realmente ao século VI. Embora não fosse uma personalidade tão revolucionária como Pitágoras, dá provas no curso de suas peregrinações da mesma inclinação e do mesmo instinto que o levaram a tornar os homens melhores, a purificá-los e a salvá-los. Ele é o moralista, mas permanece ainda na categoria dos poetas errantes; numa época posterior, teria sido um sofista. Em sua ousada condenação dos costumes vigentes e das opiniões arraigadas, não tem par na Grécia. Mais ainda, não se retirou de forma alguma como Heráclito e Platão na solidão; chegou até mesmo a afrontar o mesmo público que havia fustigado com sua cólera e com sua ironia, mas sem mostrar o espírito provocador de um Tersites[42], a admiração entusiasta por Homero, a busca apaixonada das honras nos jogos dos estádios, a adoração da pedras talhadas em forma humana. A liberdade do indivíduo atinge com ele o grau supremo. E nesse abandono quase sem limites de todas as convenções, está mais próximo de Parmênides do que naquela suprema unidade divina que ele captou uma vez num daqueles estados visionários bem dignos de seu século; unicidade divina que nada tem em comum com o ser de Parmênides, além da forma e do nome, mas certamente não a origem.

Em contrapartida, foi num estado de espírito oposto que Parmênides descobriu a doutrina do ser. Nesse momento e nesse estado, examinou o efeito conjunto dos dois contrários que havia estabelecido, o ser e o não ser, as qualidades positivas e negativas, cujo desejo e ódio que comportavam constituíam o mundo e o devir. E então, bruscamente, uma suspeita o detém e o enche de desconfiança com relação ao conceito de qualidade negativa e do não ser. De fato, algo que não é pode ser uma qualidade? Ou, interrogando-se no plano dos princípios: algo que não é, pode ser? Ora, a única forma do conhecimento que nos oferece imediatamente uma confiança absoluta e cuja negação equivale ao delírio é a tautologia A = A. Mas é justamente esse conhecimento tautológico que lhe clama implacavelmente: "O que não é, não é! O que é, é!" Repentinamente sentiu recair sobre sua existência o peso de uma monstruosa falta de lógica. Sempre havia admitido, mas sem refletir a respeito, que havia qualidades negativas e em geral não ser, portanto, para exprimi-lo numa fórmula que resultaria em A = não A; ora, somente uma perversão total do pensamento poderia estabelecer isso. É verdade, pensava, que a maioria dos homens julga com a mesma perversão: ele próprio só fez participar do crime universal contra a lógica. Mas no mesmo instante em que está convencido desse crime, vê-se envolto numa aura de uma descoberta, encontrou um princípio, uma chave do mistério do mundo, afastado de toda a loucura dos homens; desce então no abismo das coisas, guiado pela mão temível e firme da verdade tautológica sobre o ser.

Nesse caminho encontra Heráclito – encontro infeliz! Para ele que tudo dependia da mais estrita distinção entre o ser e o não ser, devia então alimentar justamente um profundo sentimento de ódio contra o jogo dos contrários de Heráclito. Uma proposição como "Nós somos e ao mesmo tempo não somos, o ser e o não ser são ao mesmo tempo idênticos e não idênticos", proposição que voltava a perturbar e que tornava inextricável tudo o que acabava de esclarecer e desvelar, levando-o a ficar com raiva. "Fora com os homens", exclamava ele, "que parecem ter duas cabeças e, no entanto, nada sabem! Tudo neles está em fluxo, mesmo seu pensamento! Olham as coisas com uma estupefação morna, mas devem ser tão surdos quanto cegos para misturar assim os contrários!". A incompreensão das multidões, glorificada por um jogo de antinomias e exaltada como o auge do saber, era para ele uma dolorosa e ininteligível prova.

Mergulhava então no banho frio dessas temíveis abstrações. O que verdadeiramente é, deve ser num eterno presente; não se pode dizer "isso foi", "isso será". O ser não pode conhecer o devir, pois, de onde teria surgido esse devir? Do não ser? Mas o não ser não é e não pode produzir nada. Do ser? Este nada poderia produzir senão a si mesmo. O mesmo acontece com o desaparecimento. É igualmente impossível como o devir, como toda alteração, como todo aumento e todo declínio. O princípio fundamental é o seguinte: tudo do que se pode dizer "foi" ou "será", não é; mas do que é, nunca se pode dizer "não é". O ser é indivisível, pois, onde haveria outro poder para dividi-lo? É imóvel, pois, em que direção poderia se mover? Não pode ser nem infinitamente grande nem infinitamente pequeno, pois, é perfeito; e um infinito dado por acabado é uma contradição. Assim, permanece suspenso, limitado, perfeito, em toda parte em equilíbrio, igualmente acabado em todos os seus pontos como uma esfera, mas não encerrado num espaço, pois, caso contrário, esse espaço seria um segundo ser. Não pode haver vários seres, pois, para separá-los seria necessário algo que não fosse um ser, suposição que se suprime a si mesma. Só há, portanto, a eterna unidade.

Mas quando, a seguir, Parmênides voltava novamente seu olhar para o mundo do devir, cuja existência ele havia outrora procurado compreender por meio de combinações tão engenhosas, zangava-se com seus olhos por verem o devir e com seus ouvidos, por ouvir-lhe o rumor. "Não confiem unicamente na vista grosseira, exclamava ele, nem nos ouvidos aturdidos, nem na língua, mas submetam as coisas à prova somente da força do pensamento". Fazendo isso, teceu a primeira crítica do aparelho cognitivo, crítica extremamente importante, apesar de suas grandes insuficiências e de suas consequências fatais. Com efeito, ao separar de repente e brutalmente os sentidos e a faculdade de pensar abstratamente, isto é, a razão, como se se tratasse de duas faculdades inteiramente distintas, desintegrou o próprio intelecto e impeliu para essa divisão totalmente errônea entre a "alma" e o "corpo" que, especialmente desde Platão, pesa como uma maldição sobre a filosofia. Segundo Parmênides, todas as percepções dos sentidos só produzem ilusões e a principal ilusão que suscitam é precisamente fazer crer que o não ser também existe, que o devir também tem um ser. Toda a diversidade e a confusão do mundo conhecido pela experiência, sua troca qualitativa, a ordem que preside seu crescimento e seu declínio são impiedosamente eliminados como puras aparências e fantasmas. Não há nada para aprender dela e todo o trabalho que se tem para captar este mundo mentiroso, totalmente inexistente e, por assim dizer, trapaceado pelos sentidos, está perdido. Quem pensa dessa maneira, como o fez Parmênides, deixa por isso mesmo de ser um pensador da natureza. O interesse pelos fenômenos se esvai e desenvolve-se um ódio contra essa sempiterna fraude dos sentidos, da qual é impossível se desvincular. É necessário agora que a verdade resida exclusivamente nas generalidades mais pálidas e mais abstratas, nas conchas vazias das mais imprecisas palavras, como num casulo tecido por uma aranha; e ao lado de tal "verdade" está presente o filósofo, tão exangue como uma abstração e todo enredado na trama das fórmulas. A aranha, contudo, exige o sangue de sua vítima, mas o filósofo que segue Parmênides odeia justamente o sangue de sua vítima, o sangue da realidade empírica por ele sacrificada.

11

E era um grego cujo auge se situa aproximadamente na mesma época da eclosão da revolução jônica! Um grego era então capaz de fugir da realidade transbordante de riqueza como que se só se tratasse de um malabarismo mecânico com as faculdades da imaginação, e não fugir como Platão para o domínio das ideias eternas, para a oficina do artesão do mundo, a fim de se refestelar com a visão dos protótipos imaculados e inquebráveis das coisas, mas para a rigidez e o repouso cadavérico do mais frio dos conceitos, aquele que nada explica, o ser. Queremos evitar realmente interpretar um fato tão notável a partir de falsas analogias. Essa fuga não era uma evasão para fora do mundo no sentido da filosofia hindu; não era ditada pela profunda crença religiosa convicta da corrupção, do caráter perecível e miserável da existência. Esse fim derradeiro, o repouso no ser, não era procurado como a imersão mística numa única representação encantadora e que fosse totalmente satisfatória, o que, para os homens comuns, é um enigma e um escândalo.

O pensamento de Parmênides não traz em si nenhum vestígio do perfume sombrio e inebriante do pensamento hindu, que talvez não seja totalmente imperceptível em Pitágoras e em Empédocles. O que surpreende nesse fato, nessa época, é bem antes a ausência de perfume, de cor, de alma, de forma, a falta total de sangue, de espírito religioso e de calor moral, é a abstração e o esquematismo – num grego! – mas é antes de tudo a terrível energia da aspiração à *certeza* numa época de pensamento místico, dotado de uma imaginação muito viva. "Concedam-me uma única certeza, ó deuses! – Essa é a oração de Parmênides. – E que haja no mar da incerteza mesmo que fosse somente uma tábua bastante larga para nela pousar! Guardem o que é devir, exuberância, confusão de dores, floração, ilusão, sedução, vida, guardem tudo isso para vocês e concedam-me somente essa única e pobre certeza!" .

Parmênides, em sua filosofia, deixa transparecer o tema da ontologia. A experiência não lhe forneceu em lugar algum um ser semelhante ao que ele imaginava, mas pelo simples fato de que podia pensá-lo, concluiu que deveria existir. Essa conclusão se baseia no pressuposto de que possuímos um instrumento de conhecimento que penetra a essência das coisas e que é independente da experiência. A substância de nosso pensamento, segundo Parmênides, não está de forma alguma presente na intuição, mas provém de outra fonte, de um mundo extrassensível ao qual temos, por meio do pensamento, um acesso direto. Ora, Aristóteles demonstrou, contra toda conclusão desse gênero, que a *existência* não pertence em nenhum caso à *essência*, que a existência não faz parte em caso algum da essência das coisas. É precisamente por isso que é totalmente impossível deduzir do conceito de "ser", cuja essência é justamente apenas o ser, uma *existência* do ser. A verdade lógica dessa oposição entre o "ser" e o "não ser" é totalmente vazia, se o objeto que constitui seu fundamento e a intuição a partir dos quais essa oposição é derivada por abstração não podem ser dados; sem referência à intuição não passa de um jogo de representação que não permite de fato nenhum conhecimento. De fato, como nos ensina Kant, o critério puramente lógico da verdade, isto é, a concordância de um conhecimento com as leis gerais e formais do entendimento e da razão é realmente a condição *sine qua non*, portanto, a condição negativa de toda verdade.

A lógica, porém, não pode ir mais longe e para revelar o erro que se relaciona não com a forma, mas com o conteúdo, não dispõe de nenhuma pedra de toque. Mas quando se procura o conteúdo próprio da verdade lógica da antítese "o que é, é; o que não é, não é", não se descobre, de fato, a menor realidade que fosse rigorosamente modelada conforme essa antítese. Posso dizer de uma árvore tanto que "é", em comparação com todas as outras coisas, como "se torna", em comparação com ela mesma, em outro momento do tempo e, finalmente, também que "não é", por exemplo, que "ela ainda não é uma árvore", se me referir unicamente ao arbusto. As palavras são apenas símbolos das relações das coisas entre si e conosco; em parte alguma atingem a verdade absoluta; e mesmo a palavra "ser" indica apenas a relação mais geral que liga todas as coisas, igualmente como a palavra "não ser". Mas se é impossível demonstrar a própria existência das coisas, então a relação das coisas entre si, o chamado "ser" e "não ser", não pode ajudar a avançar mais nem um passo em direção ao território da verdade. Nunca haveremos de penetrar, por meio de palavras e de conceitos, para além da muralha das relações e, por assim dizer, em algum quimérico terreno das coisas. Mesmo através das formas puras da sensibilidade e do entendimento, através do espaço, do tempo e da causalidade, não conseguimos nada que se assemelhe a uma *veritas aeterna* (verdade eterna). É absolutamente impossível a alguém pretender perceber e discernir algo além de si mesmo, tanto mais que o conhecimento e o ser são as mais contraditórias de todas as esferas.

Se Parmênides, na ignorante ingenuidade que, em sua época, caracterizava a crítica do conhecimento, ousava acreditar que chegaria a um ser em si a partir do conceito eternamente subjetivo, seria hoje, depois de Kant, dar provas de uma ignorância atrevida fixar como tarefa da filosofia, como se faz aqui e acolá – e particularmente entre certos teólogos mal instruídos que querem brincar de filósofos – "captar o absoluto pela consciência", ou até, seguindo a fórmula de Hegel[43], dizendo: "O absoluto já está presente, caso contrário, como se poderia procurá-lo?" ou, segundo a fórmula de Beneke[44]: "O ser deve de alguma forma nos ser dado, de alguma maneira nos ser acessível, sem o que nem mesmo o conceito do ser poderíamos ter". O conceito do ser! Como se a origem empírica mais miserável já não aparecesse na etimologia da palavra! De fato, no fundo, *esse* só significa "respirar". Quando o homem emprega esta palavra para designar todas as coisas diferentes dele, transpõe então, por meio de uma metáfora, isto é, por meio de algo ilógico, a convicção de que ele próprio respira e vive, em relação às coisas que são diferentes dele, e concebe a existência delas como o fato de respirar, por analogia consigo mesmo. O significado original da palavra logo se apaga então, mas permanece algo que permite sempre ao homem representar-se a existência de outras coisas por analogia com sua própria existência, portanto, de maneira antropomórfica e usando, em todo o caso, uma transposição ilógica. Mas mesmo para o homem, portanto, excetuando essa transposição, o enunciado "eu respiro, logo, existe um ser" é completamente insuficiente, na medida em que contra ela pode ser feita a mesma objeção que contra a fórmula *ambulo ergo sum* (caminho, logo existo) ou *ergo est* (logo, existe).

12

O outro conceito de um alcance maior que aquele do ser e que Parmênides já descobriu também, mesmo que não faça dele um uso tão brilhante como seu discípulo Zenon, é o conceito de infinito. Não pode existir nada de infinito, pois, uma vez admitida a existência do infinito, dela resultaria o conceito totalmente contraditório de um infinito acabado. À medida que nossa realidade, nosso mundo efetivo leva em toda parte o sinal desse infinito acabado, o mundo revela, portanto, por essência uma contradição em relação à lógica e, por isso mesmo, em relação ao real e é ilusão, mentira, fantasma. Zenon[45] serviu-se sobretudo de um método de demonstração indireta; disse, por exemplo: "Não pode haver nenhum movimento de um lugar para outro, pois, se existisse tal translação, então seria o caso de um infinito acabado, o que é uma impossibilidade". Na corrida, Aquiles não pode alcançar a tartaruga que tem uma pequena vantagem, pois, para alcançar o ponto de onde a tartaruga partiu, seria necessário que ele já tivesse percorrido inumeráveis segmentos de espaço dividido ao infinito, isto é, primeiramente a metade da distância que o separa dela, depois um quarto, um oitavo, um sexto e assim por diante, até o infinito. Se de fato alcançar a tartaruga, trata-se então de um fenômeno ilógico, por conseguinte, em nenhum caso de uma verdade, de uma realidade, de um ser verdadeiro, mas somente de uma ilusão. Com efeito, nunca é possível terminar o infinito.

Outra célebre ilustração dessa doutrina é a da flecha que voa e, no entanto, está em repouso. Em cada momento de seu voo, ela ocupa uma posição e, nessa posição, está em repouso. A soma de uma infinidade de posições de repouso seria, portanto, idêntica ao movimento? O repouso infinitamente repetido seria então o movimento? O infinito é utilizado aqui como um ácido contra a realidade; ao entrar em contato com ele, ela se decompõe. Se os conceitos, porém, são eternos, fixos e possuem uma existência – e, para Parmênides, ser e pensamento coincidem –, se, portanto, o infinito nunca pode ser acabado, se o repouso nunca pode tornar-se movimento, então a flecha realmente não voou; nunca saiu de seu lugar, nem de seu repouso, em nenhum momento do tempo partiu. Ou, dito de outra forma: não há naquilo que chamamos realidade, mas que é pretensamente tal, nem tempo, nem movimento, nem espaço. Finalmente, a própria flecha é uma ilusão, pois, ela provém da pluralidade, da fantasmagoria do não uno produzidas por nossos sentidos. Admitindo que a flecha tivesse um ser, seria então imóvel, intemporal, sem devir, eterna e fictícia – ideia impensável! Admitindo que o movimento fosse verdadeiramente real, não haveria repouso, logo, não haveria posição da flecha, logo, não haveria espaço – ideia impensável! Admitindo que o tempo fosse real, não poderia ser infinitamente divisível; o tempo de que a flecha teria necessidade deveria ser composto de um número limitado de momentos temporais, cada um deles devendo ser um átomo – ideia impensável!

Todas as nossas representações levam a contradições a partir do momento em que seu conteúdo empiricamente dado e extraído deste mundo da intuição é tomado como verdade eterna. Se existe um movimento absoluto, não há espaço: se há espaço absoluto, não há movimento; se há um ser absoluto, não há pluralidade; se há pluralidade absoluta, não há unidade. Deveria, portanto parecer evidente quão poucos conceitos semelhantes nos permitem tocar o coração das coisas ou desatar os nós da realidade. Parmênides e Zenon, contudo, se apegam firmemente à verdade e à validade universal dos conceitos e rejeitam o mundo da intuição como o oposto dos conceitos verdadeiros e sempre válidos, como uma objetivação do ilógico e do contraditório. Em todas as suas demonstrações eles se baseiam no pressuposto indemonstrável, mesmo inverossímil, segundo o qual temos nessa faculdade conceitual o critério supremo e decisório quanto ao ser e ao não ser, isto é, quanto à realidade objetiva e ao seu oposto. Esses conceitos não têm necessidade de serem verificados, nem retificados em contato com a realidade, uma vez que são efetivamente derivados dela, mas devem, ao contrário, medir e arbitrar a realidade, até mesmo, em caso de contradição com a lógica, condená-la. Para poder conceder-lhes essas funções de arbitragem, Parmênides viu-se obrigado a atribuir aos conceitos o mesmo valor ontológico que havia concedido unicamente ao ser: o pensamento e essa esfera do ser, perfeita e sem devir, não deviam doravante ser compreendidos como duas modalidades diferentes do ser, pois, não podia mais haver qualquer dualidade do ser. Assim, a ideia audaciosa de dar a identidade do pensamento e do ser se havia tornado necessária. Nenhuma forma da intuição, nenhum símbolo, nenhuma comparação podia vir em auxílio nesse caso do filósofo. Essa ideia fugia a toda representação, mas era necessária; mais ainda, Parmênides celebrou a ausência de toda materialização possível dessa ideia como um triunfo supremo sobre o mundo e as exigências dos sentidos. O pensamento e esse ser esférico e pleno, massa inerte e morta de parte a parte e, de parte a parte fixo e imutável, deviam fundir-se numa unidade e tornar-se absolutamente idênticos, segundo o imperativo de Parmênides, para espanto de toda forma de imaginação. Essa identidade pode realmente contradizer os sentidos! É justamente o que garante que ela não lhes seja emprestada.

13

De resto, seria igualmente possível apresentar contra Parmênides alguns sólidos argumentos *ad hominem*[46] ou *ex concessis*[47] que, sem dúvida, não permitiriam trazer à luz a própria verdade, mas pelo menos a falsidade dessa separação absoluta entre um mundo dos sentidos e um mundo dos conceitos, bem como a falsidade da identidade entre o ser e o pensamento.

Primeiro argumento: se o pensamento que propõe raciocínios por meio de conceitos é real, então se faz necessário que a pluralidade e o movimento também tenham realidade, pois, o pensamento racional é móvel e se trata realmente de um movimento de conceito a conceito, logo, dentro de uma pluralidade de realidades: contra isso não existe nenhuma escapatória. É totalmente impossível definir o pensamento como uma permanência fixa, como a unidade eternamente imóvel e pensando-se a si mesma.

Segundo argumento: se dos sentidos resulta apenas ilusão e engano, e se na verdade existe apenas a identidade real do ser e do pensamento, o que são então os próprios sentidos? De qualquer modo, eles certamente são igualmente apenas aparência, pois não coincidem com o pensamento e seu produto, o mundo sensível, não coincide com o ser. Mas se os próprios sentidos são aparência, para quem eles o são? Como podem, sendo irreais, estar em condições de iludir? Ora, o não ser não tem sequer a possibilidade de enganar. Assim, a fonte da ilusão e da aparência permanece um enigma, até mesmo uma contradição.

Chamamos esses argumentos *ad hominem*: as objeções ditadas pela mobilidade da razão e pela origem da aparência. Da primeira resultaria a realidade do movimento e da pluralidade; da segunda, a impossibilidade da aparência, em sua definição segundo Parmênides, supondo que a tese fundamental de Parmênides sobre o ser fosse admitida como sendo fundamentada.

Essa tese fundamental, porém, só enuncia isto: somente o ser tem um ser, o não ser não é. Mas se o movimento é um tal ser, então o que vale para o ser em geral e em todos os casos, vale também para o movimento: é sem devir, é eterno, indestrutível, sem crescimento nem declínio. Mas se acaso se negar a aparência e for excluída deste mundo, questionando sua origem, o cenário em que se desempenha o pretenso devir, a mudança e nossa existência multiforme, colorida, rica e sem repouso, fica ao abrigo da condenação de Parmênides. É, portanto, necessário definir este mundo da modificação e da alteração como uma soma de entidades similarmente dotadas de um ser verdadeiro e que, portanto, devem existir desde toda a eternidade. Mesmo com essa hipótese, é absolutamente impossível falar de uma alteração no sentido estrito, de um devir. Mas a partir de então, a pluralidade, todas as qualidades e o movimento possuem, de igual modo, um ser verdadeiro. E de todos os momentos do mundo, mesmo que fossem arbitrariamente escolhidos e separados por milênios, seria necessário poder dizer: todas as entidades verdadeiras que existem estão ali simultaneamente presentes em seu conjunto e em seus detalhes, imutáveis, irredutíveis, sem crescimento nem declínio. Um milênio mais tarde o mundo será sempre o mesmo e nada terá mudado. Se, apesar de tudo, o mundo parece totalmente diferente de um estado a outro, isso não é uma ilusão, nem pura aparência, mas uma consequência do movimento eterno. O ser verdadeiro se move ora num sentido, ora em outro, ora para o alto, ora para baixo, concorda consigo ou se opõe a si mesmo, permanece junto de si ou se percorre a si mesmo.

14

Esta última consideração já nos fez avançar um passo no terreno da doutrina de *Anaxágoras*. É ele que levanta com toda a força duas objeções contra Parmênides, relativas à mobilidade do pensamento e à origem da aparência. Mas por meio de sua tese essencial, Parmênides dominou Anaxágoras como dominou todos os filósofos e pensadores desse tipo que o seguiram. Todos negam a possibilidade do devir e do desaparecimento no sentido que lhe confere o povo em geral e como o haviam admitido Anaximandro e Heráclito com mais perspicácia, embora de uma maneira ainda irrefletida.

Semelhante surgimento mítico a partir do nada e semelhante dissolução no nada, uma mutação do nada em qualquer coisa, uma maneira tão caprichosa de mudar, de despojar e de revestir as qualidades passaram desde então por absurdo. Mas da mesma maneira, e pelas mesmas razões, foi considerado um absurdo o surgimento da pluralidade a partir da unidade, o das diversas qualidades a partir de uma unidade primordial, em resumo, o pensamento que faz derivar o mundo de um elemento original à maneira de Tales ou de Heráclito.

Agora é que, pelo contrário, o verdadeiro problema estava posto: como transpor no mundo efetivo a doutrina do ser imperecível e sem devir, sem recorrer à teoria da aparência e da ilusão dos sentidos. Mas se não se quer admitir que o mundo empírico é uma aparência, se as coisas não podem derivar do nada nem podem provir de um ser único, é necessário que contenham em si mesmas um ser verdadeiro. Sua matéria e seu conteúdo devem ser absolutamente reais e toda modificação só pode se referir à forma, isto é, à posição, à ordem, ao agrupamento, à mistura ou à dissociação dessas entidades eternas que existem simultaneamente. É como no jogo de dados: são sempre os mesmos dados, mas que, caindo ora de um modo, ora de outro, têm para nós um significado diferente.

Todas as teorias anteriores se referiam a um elemento primordial, matéria e causa do devir, fosse esse a água, o ar, o fogo ou o indefinido de Anaximandro. Anaxágoras, pelo contrário, afirma que o dessemelhante nunca pode provir do semelhante e que a mudança nunca será explicável a partir do ser único. É inútil imaginar esse elemento, uma vez posto, como mais sutil ou mais denso, nunca se chegará a explicar por semelhante aumento ou redução da densidade o que se desejaria explicar: a pluralidade das qualidades. Mas, se o mundo está efetivamente repleto das mais diversas qualidades, estas devem então, caso não sejam aparência, ter um ser, isto é, necessário se faz que sejam eternas, sem devir, imperecíveis e dotadas em seu conjunto de uma existência perpétua. Ora, elas não podem ser uma aparência, pois a questão da origem da aparência ainda se mantém sem resposta, ou melhor, ela própria se dá uma resposta: não!

Os pensadores mais antigos tinham querido simplificar o problema do devir, com a admissão de uma substância única que trazia em seu seio as virtualidades de todo devir. Agora, pelo contrário, se afirma: há inúmeras substâncias, mas nunca se multiplicam, nem reduzem seu número, e nunca se renovam. Somente o movimento as mistura em combinações sempre novas, como no jogo de dados. Mas Anaxágoras provou contra Parmênides que o movimento é uma verdade e não uma aparência e isso a partir do caráter indubitavelmente sucessivo de nossas representações no pensamento. Pelo simples fato de pensarmos e de termos representações, temos, pois, da maneira mais imediata, a intuição da verdade do movimento e da sucessão. Assim, o ser único, imóvel, fixo e morto de Parmênides é totalmente descartado: há uma multiplicidade de seres, tão certamente que esses múltiplos seres (existências, substâncias) estão em movimento.

A mudança é movimento – mas de onde vem esse movimento? Será que esse movimento deixa totalmente intacto o ser genuíno dessas múltiplas substâncias independes e isoladas e não é para elas, em sua base necessariamente estranha, conforme ao conceito mais estrito do ser? Ou será que, apesar de tudo, pertence às próprias coisas? Chegamos a um ponto decisivo: de acordo com o lado para o qual nos voltamos, estaremos no terreno de Anaxágoras, de Empédocles ou de Demócrito. É preciso colocar este problema crucial: se há numerosas substâncias e se todas estão em movimento, qual é o princípio que as move? Movem-se umas às outras? Ou é somente o peso que as move? Ou há nas próprias coisas forças mágicas de atração e de repulsa? Ou será que o ponto de partida do movimento reside fora dessas numerosas substâncias reais? Ou, pondo a questão mais rigorosamente, se duas coisas revelam uma sucessão, uma mudança recíproca de posição, será que isso provém delas próprias? E deve-se explicar isso de forma mecânica ou pela magia? Ou, se esse não fosse o caso, há uma terceira força que as move?

É um problema delicado, porque, mesmo que admitisse a existência de muitas substâncias, Parmênides teria podido sempre provar contra Anaxágoras a impossibilidade do movimento. Teria podido dizer, com efeito: tomem dois seres que existam de forma autônoma, cada um deles dotado de um ser totalmente diferente, autônomo e absoluto – e as substância de Anaxágoras são desse tipo – nunca poderão colidir, nem se mover, nem se atrair; entre eles não há causalidade alguma, nenhuma ponte, não entram em contato, não se perturbam, nada têm a ver um com o outro. O choque seria tão inexplicável como a atração mágica: duas coisas totalmente estranhas não podem exercer nenhuma influência uma sobre a outra, não podem, portanto, se mover nem serem movidas. Parmênides teria mesmo acrescentado: a única saída que resta é a de atribuir o movimento às próprias coisas; mas tudo o que vocês conhecem e percebem em questão de movimento não passa de uma ilusão e não de um movimento verdadeiro. De fato, o único tipo de movimento que poderia convir a essas substâncias absolutas e autônomas seria apenas um movimento específico e interno, sem eficácia. Ora, vocês admitem justamente o movimento para explicar os efeitos da mudança, o deslocamento no espaço, a alteração, em resumo, as causalidades e as relações das coisas entre si. Ora, esses efeitos não seriam precisamente explicados e permaneceriam tão problemáticos como antes. É por isso que não se vê absolutamente por qual razão seria necessário admitir um movimento, visto que não produz de forma alguma o resultado que dele se espera. O movimento não faz parte da essência das coisas e é para sempre estranho a elas.

Para se subtrair desses argumentos, os adversários da unidade imóvel dos Eleatas se deixaram influenciar por um preconceito derivado da sensibilidade. Parece irrefutável que todo ser verdadeiro seja um corpo que ocupa e preenche o espaço, um fragmento de matéria, ínfimo ou considerável, mas, em todo caso, extenso no espaço: embora dois ou mais fragmentos semelhantes não possam estar no mesmo espaço. Adotando essa hipótese, Anaxágoras, como mais tarde Demócrito, admitia que deviam se chocar, se seus movimentos os levavam a entrar em contato, que disputavam o mesmo espaço e que essa luta era precisamente a causa de toda mudança. Em outros termos, não concebia essas substâncias totalmente isoladas, radicalmente diferentes e eternamente imutáveis, como sendo absolutamente heterogêneas, mas como possuindo todas elas, além de uma qualidade específica inteiramente particular, um substrato totalmente similar, uma parcela de matéria preenchendo o espaço. Em sua participação na matéria, essas substâncias eram todas iguais e por isso podiam agir umas sobre as outras, isto é, chocar-se. Em geral, toda mudança não dependia de modo algum da diversidade dessas substâncias, mas de sua similitude enquanto matéria.

A hipótese de Anaxágoras repousa aqui num equívoco em matéria de lógica, pois, o ser verdadeiro deve ser em si absolutamente necessário e homogêneo; não pode, portanto, nada pressupor como sua causa, ao passo que todas as substâncias de Anaxágoras dependem previamente de um elemento que as condicione, a matéria, cuja existência já pressupõem. A substância "vermelho em si", por exemplo, não era, para Anaxágoras, justamente "o vermelho em si" somente, mas a mais, secretamente, um fragmento de matéria desprovido de qualidade. Somente por meio dessa matéria é que o "vermelho em si" podia agir em outras substâncias, não por meio do vermelho, mas mediante o que não é nem vermelho, nem colorido, nem em geral definido por uma qualidade. Se o vermelho fosse tomado estritamente como vermelho, como a própria substância vermelha, portanto, independentemente desse substrato, Anaxágoras não teria certamente ousado falar de uma ação do vermelho sobre outras substâncias, nem acrescentar que o "vermelho em si" propaga por meio do choque o movimento recebido do "carnal em si". Seria então claro que semelhante ser verdadeiro nunca poderia ser movido.

15

É necessário voltar por um momento nossos olhares para os adversários dos Eleatas, caso se queira apreciar em seu justo valor as vantagens extraordinárias da hipótese de Parmênides. Que dificuldades – a que Parmênides se subtraíra – esperavam Anaxágoras e todos aqueles que acreditavam na pluralidade das substâncias, ao se perguntarem: "Quantas substâncias há?". Anaxágoras deu um salto, fechou os olhos e disse: "Uma infinidade". Assim, pelo menos se poupava da comprovação, extremamente difícil de estabelecer, da existência de um número definido de substâncias elementares. Como essas substâncias deviam existir em número infinito, sem crescer e sem mudar desde eternidades, havia nessa hipótese a contradição de uma infinidade fechada e que devia ser vista como completa. Em resumo, a pluralidade, o movimento, o infinito, afugentados pela surpreendente proposição de Parmênides sobre o ser único, voltavam de seu exílio e lançavam suas flechas sobre os adversários de Parmênides, causando-lhes feridas difíceis de curar.

Decididamente, esses adversários não tinham consciência bem clara da força temível desses pensamentos do eleata: "Não pode haver nem tempo nem movimento nem espaço, porque todas essas noções somente podemos representá-las como infinitas, isto é, em primeiro lugar infinitamente grandes, e depois, infinitamente divisíveis; ora, tudo o que é infinito não tem ser, não existe"; o que ninguém contesta, se a palavra "ser" for tomada em sentido estrito e se for considerada impossível a existência de uma coisa contraditória, por exemplo, a de uma infinidade completada. Mas, se é justamente a realidade que nos apresenta tudo sob forma de uma infinidade realizada, torna-se evidente que ela se contradiz a si mesma, que não tem, portanto, realidade verdadeira.

Se esses adversários, porém, tivessem querido objetar: "Mas a sucessão está presente em seu próprio pensamento; seu pensamento poderia, portanto, também não ser real e tampouco nada poder demonstrar". Parmênides teria talvez podido responder como Kant havia respondido num caso semelhante, diante de tal recriminação: "Posso dizer realmente que minhas representações se sucedem, mas isso significa somente que tomamos consciência delas como numa sucessão temporal, isto é, de acordo com a forma do sentido interno. Por isso é que o tempo não é uma coisa em si, nem uma condição objetivamente ligada às coisas". Seria necessário, portanto, distinguir entre o pensamento puro, que seria intemporal como o ser de Parmênides, e a consciência desse pensamento; a consciência já traduziria o pensamento na forma da aparência, isto é, da sucessão, da pluralidade e do movimento. É provável que Parmênides tivesse recorrido à essa solução.

De resto, seria necessário então levantar contra ele a mesma objeção que A. Spir[48], em *Pensamento e realidade*, levanta contra Kant: "Ora, é claro primeiramente que nada posso saber de uma sucessão em si, se não tenho ao mesmo tempo em minha consciência elementos que a compõem. A representação de uma sucessão nada tem, portanto, de sucessivo em si mesma; ela é, por conseguinte, totalmente diferente da sucessão de nossas representações. Em segundo lugar, a hipótese de Kant implica absurdos tão evidentes que se fica surpreso que tenham passado despercebidas. Segundo essa hipótese, César[49] e Sócrates não estão realmente mortos, estão tão vivos como há dois mil anos e parecem apenas estar mortos, em consequência de uma disposição de meu "sentido interno". Os homens que estão por nascer já vivem agora, e se ainda não aparecem como vivos, isso também se deve a essa organização do "sentido interno". Os homens do futuro já vivem agora e, se não se manifestam ainda como vivos, é igualmente por causa de uma disposição de meu "sentido interno". Antes de mais, a questão que se põe aqui é a seguinte: Como é que o começo e o fim da própria vida consciente, com todos os seus sentidos externos e internos, podem existir somente na concepção do sentido interno? O fato é que precisamente não se pode negar a realidade da mudança. Joguem-no pela janela, voltará pelo buraco da fechadura. Pode-se dizer: "Parece-me que somente os estados e as representações mudam". Mas essa aparência é ela própria algo objetivamente dado, e a sucessão tem nela uma realidade objetiva indubitável; há aí realmente uma coisa que se sucede a outra. Além disso, é necessário advertir que toda a crítica da razão só pode ser fundamentada e legítima se nossas próprias representações nos parecem tais como são. De fato, se as representações nos aparecessem também diferentes do que realmente são, não se poderia então enunciar nenhuma afirmação válida a seu respeito e, por conseguinte, não se poderia elaborar nenhuma teoria do conhecimento e nenhuma investigação "transcendental", objetivamente válidas. Em todo caso, é indubitável que nossas próprias representações aparecem como sucessivas".

Ora, a consideração dessa sucessão indubitável e dessa mobilidade levou Anaxágoras a formular uma hipótese notável. Visivelmente as representações se movimentavam a si mesmas e, no entanto, não eram movidas, e não existia nenhuma causa exterior de seu movimento. Há, portanto, diz ele para si mesmo, alguma coisa que traz em si a origem e o começo do movimento; mas observa, além disso, que essa faculdade representativa não só se movia a si mesma, como animava também uma coisa totalmente diferente, o corpo. Descobre assim, na experiência mais imediata, uma ação de representações sobre a matéria extensa, ação que se apresenta como o movimento dessa matéria. Considerou isso um fato; só incidentalmente é que foi levado a explicá-lo. Ele se dava por satisfeito por possuir um esquema regulador para especificar o movimento universal que, por ora, considerava ou como uma oscilação das verdadeiras substâncias independentes por meio do elemento representativo, o *Nous*[50], ou como o movimento causado por aquilo que já estava em movimento. O fato de que este último tipo de movimento, a transmissão mecânica dos movimentos e dos choques, punha também, segundo sua própria hipótese de base, um problema, provavelmente lhe escapou. O aspecto banal e cotidiano do efeito de choque fez certamente com que sua percepção de que esse efeito continha de enigmático fosse enfraquecido. Em contrapartida, sentiu muito bem o caráter problemático, até mesmo contraditório, de uma ação da representação sobre substâncias existentes em si e é por isso que também tentou fazer remontar essa ação a um fenômeno mecânico de impulsos e choques que lhe parecia explicável. O *Nous* também era, em todo ocaso, uma dessas substâncias que possuem um ser em si e ele o define como uma matéria extremamente delicada e sutil, dotada de uma qualidade específica, o pensamento. Uma vez admitida uma propriedade desse gênero, a ação dessa matéria sobre outra deveria necessariamente ser exatamente da mesma ordem que aquela que uma substância diferente exerce sobre uma terceira, isto é, uma ação mecânica que move por pressão e choque. Pelo menos, ele tinha agora uma substância que se movia a si mesma e que movia outras, mas cujo movimento não provinha do exterior e não dependia de nada mais. Parecia a esse respeito quase indiferente saber como era preciso pensar esse movimento espontâneo: devia ser aproximadamente semelhante ao movimento do vaivém espontâneo das pequenas bolhas de mercúrio.

De todas as questões relativas ao movimento, nenhuma é mais embaraçosa que a de sua origem. Com efeito, se realmente se pode explicar todos os outros movimentos como consequências e efeitos, fica sempre por explicar o primeiro movimento e seu início; mas para movimentos mecânicos, o primeiro elo da corrente não pode em caso algum consistir num movimento mecânico, porque isso equivaleria a recorrer ao conceito contraditório da causa em si. Em contrapartida, tampouco convém atribuir um movimento particular aos seres eternos e necessários que lhes pertença, por assim dizer, desde a origem como um correlato de sua existência. De fato, é impossível representar o movimento sem uma direção e uma tendência, portanto, sem uma reação e uma função, mas uma coisa deixa de ter existência autônoma e necessária se, por sua própria natureza, se refere necessariamente a algo que exista fora dela.

Foi nessa dificuldade que Anaxágoras julgou encontrar ajuda e salvação nesse *Nous* que se move por si mesmo, que não depende de nada e cuja essência é suficientemente obscura e velada para dissimular, além disso, que o fato de postulá-lo implica igualmente em seu princípio essa mesma causa em si interdita. O pensamento empírico chega mesmo a estipular que a representação não é uma causa em si, mas uma ação do cérebro; mais ainda, deve necessariamente admitir que é uma extravagância singular separar o "espírito" como produto do cérebro de sua causa e, apesar dessa separação, imaginar que ele ainda existe. Foi o que fez Anaxágoras; esqueceu o cérebro, sua surpreendente faculdade estética, sua delicadeza e a complexidade de suas circunvoluções e de seus processos. Decretou a existência do "espírito em si". Esse "espírito em si" era dotado de certo arbítrio; de todas as substâncias era a única a possuir um livre-arbítrio. Magnífica descoberta! Podia começar, em qualquer momento, a mover as coisas fora dele ou podia ocupar-se unicamente de si mesmo durante imensos períodos de tempo.

Em resumo, Anaxágoras admitiu que houve, na origem dos tempos, um *primeiro* movimento; esse seria o germe de tudo o que se designa por devir, isto é, de toda alteração, portanto, de todo deslocamento, de toda revolução das substâncias eternas e de suas partículas. Mesmo que o espírito seja em si eterno, não é, contudo, de forma alguma obrigado a se esgotar desde toda a eternidade com a movimentação em todos os sentidos dos fragmentos de matéria e, em todos os casos, houve uma época e um estado desses fragmentos – pouco importando que tenham sido de curta ou longa duração – no curso dos quais o *Nous* não havia ainda agido sobre eles e quando não eram ainda movidos. Essa época corresponde, em Anaxágoras, à do caos.

16

O caos em Anaxágoras não é uma ideia imediatamente transparente: para captá-la é necessário ter compreendido a ideia que nosso filósofo concebeu daquilo que se chama "devir". De fato, antes de todo movimento, o estado das diversas substâncias elementares não poderia necessariamente produzir por si mesmo uma mistura absoluta de todas as "sementes das coisas", segundo a expressão de Anaxágoras, mistura que ele imaginava como uma interpenetração de todas as coisas até em suas menores partes, depois de todas essas existências elementares terem sido desfeitas como que em argamassa e reduzidas a átomos de pó, de maneira a poderem ser agitadas e misturadas nesse caos como num cadinho. Poder-se-ia dizer que essa concepção do caos nada tem de necessário, teria sido suficiente admitir um estado arbitrário e fortuito de todas essas substâncias e não sua divisão ao infinito. Teria sido suficiente que fossem justapostas sem ordem. A mistura não era indispensável, muito menos uma mistura tão total. Como é que Anaxágoras chegou a essa concepção complicada e difícil? Como já foi dito, por meio de sua interpretação do devir empiricamente dado. Começou por haurir da própria experiência um princípio extremamente surpreendente acerca do devir e, desse princípio, derivou como sua consequência necessária essa teoria do caos.

Foi pela observação dos processos do nascimento na natureza, e não retornando a seu primeiro sistema, que Anaxágoras adotou a teoria de que *tudo nasce de tudo:* essa era a convicção desse pensador da natureza, fundada numa indução múltipla que, no fundo, era radicalmente insuficiente. Demonstrou-a da seguinte forma: se até o contrário pode nascer do contrário, o preto, por exemplo, do branco, então, tudo é possível; mas isso só acontece quando a neve branca se dissolve em água preta. Explicou a nutrição do corpo pelo fato de que os alimentos deviam conter partículas, invisíveis por sua pequenez, de carne, de sangue ou de água que, na alimentação, se separavam e se uniam às substâncias análogas do corpo. Mas, se tudo pode nascer de tudo, o que é sólido do que é líquido, o que é duro do que é mole, o preto do branco, a carne do pão, é porque tudo, portanto, deve estar contido em tudo. Os nomes das coisas só exprimem então a preponderância de uma substância sobre as outras, que só aparecem em massas inferiores, por vezes imperceptíveis. No ouro, isto é, naquilo que se designa por sua substância principal de ouro, deve encontrar-se também prata, neve, pão e carne, mas em partículas ínfimas; o conjunto recebe o nome a partir da substância dominante – que é o ouro.

Mas como é possível que uma substância predomine e preencha uma coisa com mais densidade que as outras substâncias? A experiência mostra que é somente pelo movimento que essa predominância é produzida aos poucos, que a preponderância é o resultado de um processo que normalmente designamos por devir. Pelo contrário, o fato de que tudo está em tudo não é o resultado de um processo, mas antes o pressuposto de todo devir, de todo movimento e, com isso, precede todo devir. Em outros termos, o mundo empírico nos ensina que o semelhante se junta continuamente ao semelhante, por exemplo, na nutrição, e que originalmente o semelhante não era reunido e confundido, mas separado. Bem pelo contrário, nos processos empíricos que se oferecem a nossos olhos, o semelhante é constantemente extraído do dessemelhante e movido para diante (por exemplo, as partículas de carne que saem do pão na hora da alimentação etc.). Assim, a mistura das diferentes substâncias representa a forma primitiva da constituição das coisas e é anterior no tempo a todo devir e a todo movimento. Se, portanto, tudo o que se chama devir é uma dissociação e pressupõe uma mistura, a questão é então a de saber em que grau essa mistura, essa confusão, deveria ter tido na origem. Embora o processo seja um movimento do semelhante para o semelhante, o devir, durante já um imenso período tempo, reconhece-se, no entanto, que mesmo agora todas as coisas contêm restos e sementes de todas as outras coisas, que aguardam ser dissociadas e de maneira um estado de predominância de uma delas só se produz aqui ou acolá. A mistura original deve ter sido total, isto é, deve ter estado unida até o infinitamente pequeno, uma vez que é preciso um tempo infinito para desfazer a mistura. Nesse fenômeno, adere-se firmemente à ideia de que tudo o que possui um ser verdadeiro é divisível ao infinito, sem jamais perder sua qualidade específica.

Segundo esses pressupostos, Anaxágoras imagina a existência do mundo na origem mais ou menos como uma massa poeirenta de parcelas infinitamente pequenas, mas cheias, das quais cada uma tem sua simplicidade própria e possui uma qualidade única, de tal modo, contudo, que cada qualidade específica seja representada numa infinidade de pontos isolados. Aristóteles chamou tais pontos homeomerias, considerando que são as partes homólogas de um todo homogêneo com suas partes. Mas seria um grande engano recompor essa mistura original de todas essas partículas, dessas "sementes das coisas" com o elemento primordial de Anaximandro; de fato, este último elemento, denominado "indefinido", é uma massa inteiramente uniforme e homogênea, enquanto o primeiro é um agregado de matérias. Sem dúvida, pode-se dizer desse agregado de matérias o que se dizia do "indefinido" de Anaximandro, como o fez Aristóteles: não pode ser nem branco, nem cinza, nem preto, nem de qualquer cor que seja, é insípido e inodoro e, considerado como uma totalidade, não pode ter determinação quantitativa nem qualitativa. A similitude do "indefinido" em Anaximandro e do caos original em Anaxágoras não vai mais longe que isso. Mas, à parte essa semelhança negativa, distingue-se de maneira positiva à medida que o segundo é composto e o primeiro é uma unidade. Com sua hipótese do caos, Anaxágoras tinha pelo menos essa vantagem em relação a Anaximandro: não necessitava deduzir a pluralidade da unidade, o devir do ser.

Na verdade, viu-se obrigado a conceder uma exceção à sua mistura total das sementes: o *Nous* não estava na origem e nunca está, mesmo no estado atual, misturado a coisa alguma. De fato, se estivesse misturado com um único ser, deveria então, seguindo uma infinidade de divisões, habitar em todas as coisas. Essa exceção é extremamente contestável do ponto de vista lógico, especialmente por causa da natureza material do *Nous*, anteriormente exposta; ela tem algo de mitológico e parece arbitrária, mas, segundo as premissas de Anaxágoras, é de estrita necessidade. De resto, o espírito divisível ao infinito, como qualquer outro elemento, mas somente por si mesmo e não por outros elementos, dividindo-se quando necessário e reunindo-se em massas ora grandes ora pequenas, conserva desde toda a eternidade uma massa e uma qualidade idênticas. E o que neste instante é espírito no mundo inteiro, nos animais, nas plantas e nos homens, já o era há milhares de anos, sem aumento nem diminuição, embora repartido de outra maneira. Mas toda vez que teve alguma relação com outra substância, nunca se misturou com ela, mas dela se apoderou voluntariamente, moveu-a e a dirigiu como queria, em resumo, dominou-a. O espírito, que é o único a ter movimento próprio, também é o único a ter domínio no mundo e demonstra-o comunicando movimento aos germes das substâncias. Mas para onde os move? Ou será que se pode pensar em movimento sem direção e sem rumo? Será o espírito tão caprichoso em seus impulsos, quando dá ou não esses impulsos? Em resumo, será que no domínio do movimento reina o acaso, isto é, a arbitrariedade mais cega? Nesse limite, entramos no santo dos santos das concepções de Anaxágoras.

17

O que é que se deveria fazer com essa confusão caótica que reina no estado original anterior a todo movimento para que dela surja, sem qualquer acréscimo de substâncias e de novas forças, o mundo tal como existe com o curso regular dos astros, as divisões regulamentadas do tempo em anos e em dias, a ordem e a beleza variadas, em resumo, para que o caos se torne o cosmos? Isso só poderia ser uma consequência do movimento, mas de um movimento determinado e inteligentemente dirigido. É esse movimento que é o instrumento do *Nous* e seu objetivo seria a extração completa deste, um objetivo que não teria sido ainda até agora alcançado, porquanto a desordem e a mistura originais eram infinitas. Esse objetivo só pode ser alcançado por meio de um processo gigantesco, não se pode fazê-lo sutilmente surgir com um toque de varinha mágica. Se um dia for alcançado, num momento do tempo infinitamente distante, em que tudo o que é semelhante seja reunido e que daí em diante as substâncias primitivas repousem indivisas lado a lado em perfeita ordem, quando cada partícula tiver reencontrado sua parte e suas semelhantes, quando a grande paz suceder à grande divisão e à grande dispersão das substâncias e quando já não houver nada de disperso e de dividido, então o *Nous* retornará a seu movimento espontâneo e não irá mais vagar pelo mundo, dividido em massas ora mais ora menos densas, sob forma de espírito vegetal ou animal e não irá mais se instalar em outras matérias.

Entrementes, sua tarefa ainda não está acabada: mas o tipo de movimento que o *Nous* inventou para realizá-la se mostra maravilhosamente adaptada a seus fins, pois, graças a ele, a cada instante sua tarefa progride para sua realização. Trata-se, com efeito, de um movimento de tipo circular contínuo e concêntrico. Começou num ponto qualquer da mistura caótica, sob a forma de uma leve rotação. Esse movimento circular percorre em círculos sempre maiores todo o ser existente, impelindo em toda parte o semelhante para o semelhante. Essa revolução em espiral aproxima primeiramente tudo o que é espesso do espesso, tudo o que é sutil do sutil, e também tudo o que é sombrio, claro, úmido, seco de seu semelhante. Mas acima dessas categorias gerais, existem mais duas que englobam muito mais, ou seja, o éter, isto é, tudo o que é quente, claro, sutil, e o ar, isto é, tudo o que é obscuro, frio, pesado, compacto. A separação das massas etéreas das aéreas produz, como primeiro efeito dessa rotação que gira descrevendo círculos sempre maiores, algo semelhante ao turbilhão que se gera em águas estagnadas: as partículas pesadas são levadas para o centro e se aglomeram. Assim, esse ciclone se forma progredindo através do caos para o exterior, extraindo de sua forma partículas etéreas, sutis e claras e, para o interior, partículas nebulosas, pesadas e úmidas. Depois, na sequência do processo, a água se separa dessa massa aérea que se reúne no centro, depois a terra por sua vez se separa da água e, da terra, sob o efeito de um frio terrível, separam-se as rochas. Por sua vez, algumas massas rochosas são arrancadas da terra e são projetadas pela violência da rotação na região do éter luminoso e tórrido. Ali, levadas à incandescência dentro desse elemento ígneo e carregadas no movimento circular do éter, irradiam luz e, transformadas em sóis e astros, aquecem e iluminam a terra, em si sombria e fria.

Toda essa concepção é de uma audácia e de uma simplicidade admiráveis, e não tem nada em comum com essa teleologia desajeitada e antropomórfica que tantas vezes foi associada ao nome de Anaxágoras. O que faz a grandeza e o orgulho dessa concepção é o fato de deduzir do círculo em movimento a totalidade do cosmos e do devir, ao passo que Parmênides considerava o ser verdadeiro como uma esfera imóvel e morta. Logo que esse círculo é posto em movimento e que o *Nous* o faz girar, tudo o que é ordem, regularidade e beleza no mundo resulta naturalmente desse primeiro impulso. Como é grande a injustiça para com Anaxágoras, quando é censurado por sua abstenção sábia em relação à teleologia, que se revela nessa concepção, e quando se fala de seu *Nous* com desdém, como se fora um *deus ex machina* (deus feito máquina)! Mas justamente porque afastara tanto os fenômenos maravilhosos de origem mitológica ou teísta como os motivos e os fins antropomórficos, Anaxágoras teria podido pronunciar palavras tão orgulhosas como as que Kant usou em sua *História natural do céu*. De fato, é um pensamento sublime fazer remontar o esplendor do cosmos e a precisão maravilhosa das órbitas das estrelas a um simples movimento puramente mecânico e também, por assim dizer, a uma figura matemática animada; por conseguinte, não remontam às intenções nem às manipulações de um deus mecânico, mas simplesmente a um modo de vibração que, uma vez desencadeado, prossegue de maneira necessária e determinada e obtém efeitos que se parecem com os dos cálculos mais sábios da inteligência e do sentido prático mais refletido, sendo, no entanto, completamente diferentes. "Saboreio o prazer, diz Kant, de ver criar-se, sem a ajuda de ficções arbitrárias, sob o impulso das leis estabelecidas do movimento, uma totalidade bem ordenada que se assemelha tanto a esse sistema do mundo, que é o nosso, que não posso deixar de acreditar que se trate do mesmo. Parece-me que se poderia dizer aqui num certo sentido e sem presunção: deem-me matéria e construirei o edifício do mundo!"

18

Supondo mesmo que se chegue a considerar essa mistura primitiva como o resultado de uma dedução correta, parece que, do ponto de vista mecânico, se levantam algumas objeções a esse grande esboço do sistema do mundo. Com efeito, mesmo que o espírito produza num ponto um movimento giratório, é difícil imaginar a sua continuação, sobretudo porque deve ser infinito e deve fazer girar aos poucos todos os corpos existentes. Poder-se-ia supor desde o princípio que a pressão do resto da matéria esmagaria necessariamente esse pequeno movimento giratório apenas suscitado. Para que isso não aconteça deve-se supor que o *Nous* motor, por sua parte, entre em ação repentinamente e com força temível, e que seu movimento seja tão rápido que devemos chamá-lo turbilhão, o mesmo turbilhão que Demócrito também havia imaginado. E como esse turbilhão deve ter uma força infinita para não ser paralisado pelo peso da totalidade do universo infinito que pesa sobre ele, será também infinitamente rápido, porque a força na origem só pode se manifestar na rapidez. Em contrapartida, quanto mais se alargam os círculos concêntricos, tanto mais lento será esse movimento. Se o movimento pudesse um dia atingir a extremidade do mundo infinitamente extenso, seria necessário então que a rotação já tivesse uma rapidez infinitamente reduzida. Inversamente, se imaginamos o movimento como infinitamente grande, isto é, infinitamente rápido, na origem do movimento, também é preciso que o ciclo original tenha sido infinitamente pequeno. Desse modo, temos na origem um ponto que gira sobre si mesmo, com um conteúdo material infinitamente pequeno. Mas esse ponto não explicaria de modo algum a sequência do movimento: poder-se-ia mesmo imaginar uma quantidade de pontos da massa original girando sobre si mesmos e a massa inteira permaneceria, contudo, imóvel e indivisa.

Se, ao contrário, esse ponto material infinitamente pequeno, tomado e lançado pelo *Nous*, fosse impelido a girar não sobre si mesmo, mas a descreve uma circunferência que pudesse ser ampliada à vontade, isso já seria suficiente para tocar, para impelir para mais longe, para lançar, para fazer ressaltar outros pontos e, desse modo, suscitar aos poucos uma agitação que se estenderia e ganharia de parte a parte, e cujo primeiro resultado seria necessariamente a separação das massas aéreas das massas etéreas. Assim como o desencadeamento do movimento é ele próprio um ato arbitrário do *Nous*, o modo desse desencadeamento o é também, na medida em que o primeiro movimento descreve um círculo, cujo raio, de qualquer comprimento que seja, é escolhido como maior que um ponto.

19

Na verdade se poderia perguntar agora por qual inspiração súbita o *Nous* se pôs, na origem, a atingir um pequeno ponto material qualquer entre um imenso número de pontos para fazê-lo girar numa dança em turbilhão e por que razão essa ideia não lhe ocorreu mais cedo. A isso Anaxágoras responderia: "Ele tem o privilégio do arbitrário, pode começar num momento qualquer, só depende de si mesmo, ao passo que todo o resto é determinado a partir do exterior. Não é obrigado a submeter-se a nenhum dever nem a qualquer objetivo. Se um dia desencadeou o movimento e se fixou um objetivo, isso não passa" – a resposta é difícil e somente Heráclito poderia dizê-la – "um jogo".

Parece ter sido sempre essa a melhor solução ou a resposta derradeira que os gregos tinham nos lábios. O espírito, segundo Anaxágoras, é um artista, e precisamente o todo-poderoso gênio da mecânica e da arquitetura, que cria com os meios mais simples as formas e os caminhos mais grandiosos e, por assim dizer, uma arquitetura móvel, mas sempre a partir desse arbitrário irracional que pertence fundamentalmente ao artista. É como se Anaxágoras nos remetesse a Fídias[51] e, diante da prodigiosa obra-prima, que é o cosmos, como diante do Partenon[52], nos relembrasse aqui: "O devir não é um fenômeno moral, mas um fenômeno artístico". Aristóteles relata que Anaxágoras, a quem lhe perguntasse como a existência em geral podia ter um valor a seu ver, respondia: "Só tem valor pela contemplação do céu e pela ordem do cosmos". Tratava as coisas físicas com a mesma piedade e com o mesmo temor devoto que experimentamos diante de um templo antigo. Sua doutrina tornou-se uma espécie de ato religioso para espíritos livres e se protegia com o *odi profanum vulgus et arceo* (odeio a multidão profana e a rejeito), escolhendo prudentemente seus discípulos entre a mais nobre e mais alta sociedade de Atenas. Nessa comunidade fechada dos seguidores atenienses de Anaxágoras, a mitologia popular só era tolerada como uma linguagem simbólica; todos os mitos, todos os deuses, todos os heróis não tinham mais valor que hieróglifos para a interpretação da natureza, e mesmo a epopeia de Homero[53] devia ser unicamente o hino canônico que celebrava o reino do *Nous*, as lutas e as leis da *Physis* (natureza). De vez em quando, uma palavra vinda dessa sociedade de espíritos livres e sublimes chegava até o povo; e é especialmente o grande Eurípides[54], sempre audaz e inovador, ousou exprimir em alta voz, pela boca das máscaras trágicas, muitos pensamentos que penetravam como flechas no espírito das massas e das quais só se libertavam mediante caricaturas burlescas e paródias grotescas.

Mas o maior dos discípulos de Anaxágoras é Péricles[53], o homem mais poderoso e mais nobre que jamais houve; e é justamente a seu respeito que Platão diz que só a filosofia de Anaxágoras deu a seu gênio uma dimensão sublime. Quando se dirigia a seu povo como orador público, na beleza inflexível e na imobilidade de um olímpico de mármore, quando, sereno, envolto em seu manto, sem desfazer suas dobras, sem mudar a expressão do rosto, sem sorrir, sem mudar o tom forte da voz, falando, portanto, não como Demóstenes[56], mas como Péricles, quando desencadeava trovões e raios, mostrando sucessivamente o aniquilamento e a redenção, era então que parecia a abreviação do cosmos de Anaxágoras, a imagem do *Nous* que construiu para si a moradia mais bela e mais digna e, por assim dizer, a encarnação visível no homem da força do espírito, essa força construtora, motriz, seletiva, ordenadora, que abrange um vasto horizonte e que conserva a indeterminação própria do artista. O próprio Anaxágoras disse que o homem é o ser mais racional ou que deveria trazer dentro de si o *Nous* num grau mais elevado de plenitude que os outros seres, simplesmente por possuir órgãos tão admiráveis como as mãos. Concluiu disso que o *Nous*, de acordo com a extensão ou a massa segundo os quais se apropria de um corpo material, constrói sempre a partir dessa matéria instrumentos que correspondem a seu grau quantitativo, portanto, os instrumentos mais belos e mais bem adaptados a seu fim quando ele próprio aparece em sua maior plenitude. E como o ato mais maravilhoso e mais eficaz do *Nous* devia ser esse movimento circular original, uma vez que o espírito estava ainda indiviso e concentrado em si mesmo, assim também o efeito da eloquência de Péricles devia parecer muitas vezes a Anaxágoras, que o escutava, o símbolo desse movimento circular primordial. De fato, aqui também sentia primeiro um turbilhão de pensamentos em ação, dotado de uma força terrível, mas pensamentos bem ordenados, que se apoderavam aos poucos em círculos concêntricos dos ouvintes mais próximos até os mais distantes, atraindo-os irresistivelmente, e que, ao ter atingido seu objetivo, havia transformado todo o povo, impondo-lhe uma ordem e distinções.

Entre os filósofos mais tardios da Antiguidade, a maneira pela qual Anaxágoras utilizava sua concepção do *Nous* para explicar o universo provocava surpresa e lhes parecia até mesmo dificilmente admissível; parecia-lhes que tinha descoberto um instrumento magnífico sem tê-lo compreendido bem e tentaram recuperar o que o inventor havia negligenciado. Não compreenderam, portanto, o sentido da resignação de Anaxágoras que, inspirado pelo mais puro espírito do método científico, ao pôr a questão da finalidade das coisas *(causa final)* e não colocando, de forma alguma e acima de tudo, a questão da causalidade *(causa eficiente)*. Anaxágoras só invocou o *Nous* para responder a esta pergunta específica: "Por que razão há movimento e como é que há movimentos regulares?". Mas Platão recrimina-o por não ter demonstrado como deveria que cada coisa se encontra, a seu modo e em seu lugar próprio, no estado mais belo, no melhor e mais conveniente para seu fim. Mas Anaxágoras não teria ousado afirmar isso em nenhum caso particular. Para ele, este mundo efetivo nem sequer era o mais perfeito que se possa imaginar, porque via todas as coisas nascerem de todas as outras, e tinha descoberto que a separação das substâncias por meio do *Nous* não lhe pareceria realizada e completa, nem na extremidade do espaço material do mundo, nem nos seres individuais. Sua necessidade de conhecer estava satisfeita por ter descoberto um movimento que, por sua simples continuação, pode criar, a partir de um caos onde reine completa confusão, uma ordem visível e ele se abstinha realmente de perguntar pela causa movimento, bem como pela causa da finalidade racional do movimento.

Se o *Nous* tivesse, de fato, que realizar, graças ao movimento, um fim cuja necessidade seria comandada por sua essência, já não caberia a seu livre-arbítrio dar início ao movimento num momento qualquer. Na medida em que o *Nous* é eterno, deveria ter estado igualmente determinado desde toda a eternidade por esse fim, e então não poderia ter existido momento algum do tempo em que o movimento não tivesse ainda ocorrido e, mais ainda, a lógica teria interdito que se admitisse que o movimento tivesse tido um ponto de origem: e, como consequência, a concepção do caos original, fundamento de toda a interpretação de Anaxágoras do mundo, teria sido por sua vez insustentável do ponto de vista da lógica.

Para evitar essas dificuldades criadas pela teleologia, Anaxágoras sempre foi obrigado a sustentar e a defender o ponto mais forte de sua doutrina, a saber, que o espírito é arbitrário: todos os seus atos, inclusive o movimento inicial, são atos da "vontade livre", ao passo que, em contrapartida, todo o resto do universo, depois do instante primordial, se forma em conformidade com o estrito determinismo mecânico.

Ora, essa vontade absolutamente livre só pode ser concebida como desprovida de finalidade, mais ou menos como o brinquedo da criança ou como o instinto do jogo no artista.

É um erro atribuir a Anaxágoras a confusão que cometem habitualmente os teleólogos que, cheios de admiração diante da extraordinária adaptação aos fins, diante da consonância das partes com o todo, especialmente no mundo orgânico, supõem que o que existe para o entendimento também deve ter sido introduzido pelo intelecto e que aquilo que eles só realizam com a ajuda de um conceito de finalidade também teve de ser realizado pela natureza, por meio da reflexão e de conceitos teleológicos (Schopenhauer, *O mundo como vontade e representação*, livro II, capítulo 26, "Da teleologia").

No espírito de Anaxágoras, porém, a ordem e a finalidade das coisas são diretamente apenas o resultado de um movimento mecânico cego. Anaxágoras admitiu o *Nous* arbitrário, dependente apenas de si mesmo, só para poder desencadear esse movimento, para poder sair em dado momento da imobilidade do caos, onde reina a morte. Ele conferiu precisamente um valor à propriedade do *Nous* de ser arbitrário, portanto, de poder agir de maneira absolutamente independente, indeterminada, sem ser governado nem por causas nem por fins.

Apêndice
Sócrates e a Tragédia

Sócrates e a Tragédia

A tragédia grega pereceu de maneira diferente de todos os outros gêneros artísticos antigos, coirmãos dela: terminou de modo trágico, enquanto todos os outros faleceram com uma morte muito bela. Assim está de acordo, por certo, com um estado natural ideal o fato de deixar a vida sem espasmos e deixando uma bela descendência e o final desses gêneros artísticos antigos nos mostra um mundo ideal desse tipo; desaparecem e vão sumindo, enquanto já elevam energicamente a cabeça seus rebentos, mais belos ainda. Com a morte do drama musical grego surgiu, em contrapartida, um vazio enorme que em toda parte foi sentido profundamente; o povo dizia que a própria poesia se havia perdido e, por gracejo, enviavam aos infernos os atrofiados, enfraquecidos epígonos, para que ali se alimentassem das migalhas dos mestres. Como diz Aristófanes[57], o povo sentia uma saudade tão profunda, tão ardente, do último dos grandes mortos, como se alguém fosse acometido de súbito e poderoso apetite de comer couve. Mas logo que floresceu realmente um novo gênero artístico, que venerava a tragédia como predecessora e mestra, podia perceber com horror que certamente possuía os traços de sua mãe, mas aqueles traços que esta mostrara em sua prolongada agonia. Essa agonia da tragédia se chama Eurípides, e o gênero artístico posterior é conhecido com a denominação de comédia ática nova. Nela reviveu a figura degenerada da tragédia como memorial de seu fenecer extremamente árduo e difícil.

É conhecida a extraordinária veneração de que gozou Eurípides entre os poetas da comédia ática nova. Um dos mais notáveis, Filémon[58], declarou que se deixaria enforcar imediatamente, se estivesse convicto de que o defunto continuava tendo vida e entendimento. Mas o que Eurípides tem em comum com Menandro[59] e Filemon e o que exerceu sobre estes um efeito tão exemplar, podemos resumi-lo brevemente na fórmula com a qual eles conseguiram levar o espectador ao palco. Antes de Eurípides, haviam sido seres humanos estilizados como heróis, nos quais se notava em seguida que procediam como deuses e semideuses da tragédia mais antiga. O espectador via neles um passado ideal da Grécia e, portanto, a realidade de tudo aquilo que, em instantes sublimes, vivia também em sua alma. Com Eurípides irrompeu no cenário o espectador, o ser humano na realidade da vida cotidiana. O espelho que antes havia reproduzido somente os traços maiores e audazes ficou mais fiel e, com isso, mais vulgar. O traje de gala se tornou mais transparente de certo modo, a máscara se transformou em semimáscara: as formas da vida cotidiana passaram claramente para o primeiro plano. Aquela imagem autenticamente típica do grego, a figura de Ulisses[60], havia sido elevada por Ésquilo[61] até o caráter grandioso, astuto e nobre a um só tempo de um Prometeu[62]; nas mãos dos novos poetas essa figura foi rebaixada ao papel de escravo doméstico, bonachão e velhaco ao mesmo tempo, que com grande frequência se encontra, como temerário intrigante, no centro do drama inteiro. O que, em *As rãs*, de Aristófanes, Eurípides contra entre seus méritos, ou seja, ter feito emagrecer a arte trágica mediante uma cura de águas e ter reduzido seu peso, isso é algo que se aplica especialmente às figuras dos heróis; em essência, o que o espectador via e ouvia no palco de Eurípides era sua própria cópia, envolta, isso sim, na roupagem de gala da retórica. A idealidade se dobrou à palavra e fugiu do pensamento. Mas exatamente aqui tocamos no aspecto brilhante, e que salta aos olhos, da inovação de Eurípides: nele o povo aprendeu a falar, isso ele próprio o elogia no embate com Ésquilo; por meio dele o povo conhece agora a arte de servir-se de regras, de esquadros para medir os versos, de observar e pensar, de ver e entender, de enganar e amar, de caminhar e revelar, de mentir e sopesar.

Graças a ele, a língua da comédia nova se soltou, ao passo que até Eurípides não se sabia fazer falar convenientemente a vida cotidiana no palco. A classe média burguesa, sobre a qual Eurípides construiu todas as suas esperanças políticas, tomou agora a palavra, depois que, até esse momento, os mestres da linguagem haviam sido na tragédia os semideuses e, na comédia antiga, o sátiro bêbado ou semideus.

Eu representei a casa e o pátio,

onde nós vivemos e tecemos,

e por isso me entreguei ao julgamento, pois, cada um,

conhecedor disso, julgou minha arte. (*As rãs*, versos 959-961).

Mais ainda, Eurípides se vangloria do seguinte:

Somente eu inoculei a esses que nos cercam

tal sabedoria, ao emprestar-lhes

o pensamento e o conceito de arte, de tal modo

que aqui e agora todos filosofam e administram

a casa e o pátio, o campo e os animais

com mais inteligência que nunca:

continuamente investigam e refletem

por quê?, para quê?, quem?, onde?, como?, quê?

De onde chegou isto, quem me tirou aquilo?

(*As rãs*, versos 971-979).

De uma massa preparada e instruída desse modo nasceu a comédia nova, aquele xadrez dramático com sua luminosa alegria por meio de golpes de astúcia. Para essa comédia nova, Eurípides se converteu de certo modo no mestre de coro: só que dessa vez era o coro dos *ouvintes* que devia ser instruído. Tão logo estes souberam cantar à maneira de Eurípides, começou o drama dos jovens senhores cheios de dívidas, dos velhos bonachões e frívolos, dos escravos domésticos à Prometeu. Mas Eurípides, como mestre do coro, foi elogiado sem cessar; o povo se teria até mesmo matado para aprender ainda mais dele, se não estivesse sabendo que os poetas trágicos estavam tão mortos como a tragédia. Ao abandonar esta, contudo, o grego havia abandonado a crença em sua própria imortalidade, não somente a crença num passado ideal, mas também a crença num futuro ideal. A frase do conhecido epitáfio, "na velhice, volúvel e extravagante", pode ser aplicada também à Grécia senil. O instante e o engenho são suas divindades supremas; o quinto estado, o do escravo, é o que predomina agora, pelo menos quanto à mentalidade.

Numa visão retrospectiva como esta, está-se facilmente tentado a acusar Eurípides, como sedutor suspeito do povo, de culpas injustas, mas acaloradas, e a tirar, por exemplo, com as palavras de Ésquilo, esta conclusão: "Que mal *não* procede dele?" Quaisquer que sejam, porém, as nefastas influências que dele derivemos, deve-se ter sempre em conta que Eurípides atuou com seu melhor saber e entender e que, ao longo de toda a sua vida, ofereceu de maneira grandiosa sacrifícios a um ideal. Da forma como lutou contra um mal enorme, que ele julgava reconhecer, como é o único que enfrenta esse mal com o brio de seu talento e de sua vida, uma vez mais se revela o espírito heroico dos velhos tempos de Maratona. Mais ainda, pode-se dizer que, em Eurípides, o poeta se converteu num semideus, depois de ter sido este expulso por aquele da tragédia. Mas o mal imenso que julgava reconhecer, contra o qual lutou com tanto heroísmo, era a decadência do drama musical. Onde Eurípides descobriu, contudo, a decadência do drama musical? Na tragédia de Ésquilo e de Sófocles[63], seus contemporâneos mais velhos. É coisa muito estranha. Não se terá enganado? Não terá sido injusto com Ésquilo e Sófocles? Acaso sua reação contra a pretensa decadência não foi precisamente o começo do fim? Todas estas perguntas levantam a voz neste instante dentro de nós.

Eurípides foi um pensador solitário, de forma alguma do gosto da massa então dominante, na qual suscitava reservas, como um doido resmungão. A sorte lhe foi tão pouco propícia como a massa: e como para um poeta trágico daquele tempo a massa constituía precisamente a sorte, compreende-se por que em vida conseguiu tão raras vezes a honra de uma vitória trágica. O que foi que impeliu esse dotado poeta a ir de modo tão veemente contra a corrente geral? O que foi que o desviou de um caminho que havia sido percorrido por homens como Ésquilo e Sófocles e sobre o qual resplandecia o sol do favor popular? Uma só coisa, precisamente aquela crença na decadência do drama musical. E havia adquirido essa crença nos assentos dos espectadores do teatro.

Durante muito tempo esteve observando com a máxima argúcia que abismo se abria entre uma tragédia e o público ateniense. Aquilo que para o poeta havia sido o mais elevado e difícil não era de modo algum sentido como tal pelo espectador, senão como algo indiferente. Muitas coisas casuais, não destacadas em absoluto pelo poeta, produziam na massa um efeito súbito. Ao refletir sobre essa incongruência entre o propósito poético e o efeito causado, Eurípides chegou aos poucos a uma forma poética, cuja lei capital dizia: "Tudo deve ser compreensível, para que tudo possa ser compreendido". Perante o tribunal dessa estética racionalista foi levado cada um dos componentes, primeiramente o mito, os caracteres principais, a estrutura dramatúrgica, a música coral e, finalmente e como decisão máxima, a linguagem.

O que temos de sentir tão frequentemente em Eurípides como um defeito e um retrocesso poéticos, em comparação com a tragédia de Sófocles, é o resultado desse enérgico processo crítico, dessa temerária racionalidade. Poder-se-ia dizer que aqui temos um exemplo de como o crítico pode transformar-se em poeta. Somente que, ao ouvir a palavra "crítico", não é lícito deixar-se determinar pela impressão desses seres débeis, impertinentes, que não permitem em absoluto, mesmo a nosso público de hoje, dar seu palpite em questões de arte.

O que Eurípides tentou foi precisamente fazer as coisas melhor que os poetas acusados por ele: e quem não pode pôr, como ele o fez, o ato depois da palavra, tem pouco direito de deixar ouvir suas críticas em público. Quero ou posso trazer aqui um único exemplo dessa crítica produtiva, mesmo que fosse propriamente necessário demonstrar esse ponto de vista mencionando todas as diferenças do drama de Eurípides. Nada pode ser mais contrário à nossa técnica cênica que o *prólogo* que aparece em Eurípides. O fato de que um personagem, seja um indivíduo, uma divindade ou um herói, se apresente no início da peça e conte quem ele é, que é o que antecede à ação, que é o que ocorreu até então, mais ainda, que é o que vai ocorrer no transcurso da peça, um poeta teatral moderno classificaria isso claramente de petulante renúncia ao efeito da tensão. Sabe-se, com efeito, tudo o que ocorreu, o que vai ocorrer. Quem vai aguardar até o final? Totalmente diversa era a reflexão que Eurípides fazia. O efeito da tragédia antiga nunca se baseou na tensão, na atraente incerteza a respeito do que é que vai acontecer agora, mas sim naquelas grandes e amplas cenas de *pathos*, nas quais tornava a ressoar o caráter musical básico do ditirambo dionisíaco.

Entretanto, o que mais dificulta o desfrute dessas cenas é um elo que falta, um buraco no tecido da história anterior: enquanto o ouvinte tem de continuar calculando qual é o sentido que têm este e aquele personagem, esta e aquela ação, vai se tornar impossível para ele mergulhar totalmente na paixão e na atuação dos heróis principais, vai ser impossível a compaixão trágica. Na tragédia de Ésquilo e Sófocles, tudo estava quase sempre artisticamente ordenado que, nas primeiras cenas, de maneira casual de certo modo, eram postos nas mãos do espectador todos aqueles fios necessários para a compreensão; também nesse aspecto se mostrava aquele nobre domínio artístico que mascara, por assim dizer, o formal necessário. De qualquer modo, Eurípides julgava notar que, durante aquelas primeiras cenas, o espectador se encontrava numa inquietude peculiar, querendo resolver o problema matemático de cálculo que era a história anterior, e para ele ficavam perdidas as belezas poéticas da exposição. Por isso escrevia um prólogo como programa e o fazia declamar por um personagem digno de confiança, uma divindade. Então ele também podia configurar com maior liberdade o mito, uma vez que, graças ao prólogo, podia suprimir toda dúvida sobre *sua* configuração do mito. Com pleno sentimento dessa vantagem dramatúrgica, Eurípides recrimina Ésquilo em *As rãs* de Aristófanes:

Assim, irei em seguida a teus prólogos,
para, desse modo, começar criticando
a primeira parte da tragédia a esse grande espírito!
É confuso quando expõe os fatos. (*As rãs*, versos 1119-1122).

O que dissemos, porém, do prólogo pode ser dito também do famoso *deus ex machina*[64]: este traça o programa do futuro, como o prólogo traça o do passado. Entre essa olhada épica ao passado e essa olhada épica ao futuro estão a realidade e o presente lírico-dramáticos.

Eurípides é o primeiro dramaturgo que segue uma estética consciente. Intencionalmente procura o mais compreensível: seus heróis *são* realmente tal como falam. Mas dizem tudo o que são, enquanto os personagens de Ésquilo e de Sófocles são muito mais profundos e íntegros que suas palavras: praticamente só balbuciam a respeito de si próprios. Eurípides cria os personagens e ao mesmo tempo os disseca: diante de sua anatomia, nada há de oculto neles.

Se Sófocles disse de Ésquilo que este faz o que é correto, mas inconscientemente, Eurípides terá tido dele a opinião de que faz o que é incorreto, *porque* o faz inconscientemente. O que Sófocles *sabia* mais, em comparação com Ésquilo, e do que se ufanava, não era nada que estivesse situado fora do campo dos recursos *técnicos*; até Eurípides, nenhum poeta da Antiguidade tinha sido capaz de defender verdadeiramente seu melhor com razões estéticas. Na realidade, o que há de milagroso em todo esse desenvolvimento da arte grega é que o conceito, a consciência, a teoria não haviam tomado a palavra ainda e que tudo o que o discípulo podia aprender do mestre se referia à técnica. E assim, também aquilo que confere, por exemplo, esse brilho antigo a Thorvaldsen[65] é que este refletia pouco e falava e escrevia mal, porquanto a autêntica sabedoria artística não havia penetrado em sua consciência.

Em volta de Eurípides há, pelo contrário, um resplendor refletido, peculiar dos artistas modernos: sua característica quase não grega pode resumir-se com toda a brevidade no conceito de *socratismo*. "Tudo deve ser consciente para ser belo", é a tese de Eurípides, paralela à de Sócrates: "Tudo deve ser consciente para ser bom". Eurípides é o poeta do racionalismo socrático.

Na Antiguidade grega, havia um sentimento da unidade destes dois nomes, Sócrates e Eurípides. Era muito difundida em Atenas a opinião de que Sócrates ajudava Eurípides a escrever suas obras. Disso se pode inferir quão grande era a afinação do ouvido com que o povo percebia o socratismo na tragédia de Eurípides. Os partidários dos "bons velhos tempos" costumavam pronunciar juntos os nomes de Sócrates e de Eurípides como os homens que pervertiam o povo. Existe também a tradição de que Sócrates se abstinha de assistir à tragédia e só tomava assento entre os espectadores quando uma nova obra de Eurípides era representada. Próximos num sentido mais profundo, ambos os nomes aparecem na famosa sentença do oráculo délfico, que exerceu uma influência tão determinante sobre toda a concepção vital de Sócrates. A frase do deus délfico de que Sócrates é o mais sábio dos homens continha ao mesmo tempo o parecer de que a Eurípides cabia o segundo prêmio no certame da sabedoria.

Sabe-se que de início Sócrates se mostrou muito desconfiado diante da sentença do deus. Para verificar se está certa, mantém contatos com homens de Estado, com oradores, com poetas e com artistas, tratando de descobrir alguém que seja mais sábio que ele. Em toda parte constata que a palavra do deus se justifica: vê que os homens mais famosos de seu tempo têm uma falsa ideia sobre si mesmos e observa que nem sequer têm consciência exata de sua profissão, mas que a exercem unicamente por instinto. "Unicamente por instinto", este é o lema do socratismo. O racionalismo nunca se mostrou tão ingênuo como nesta tendência vital de Sócrates. Este nunca teve dúvidas da correção da colocação do problema. "A sabedoria consiste no saber" e "não se sabe nada que não possa ser expresso e que dele não se possa convencer a outro". Esta é mais ou menos a norma daquela estranha atividade missionária de Sócrates, a qual chegou a congregar em torno de si uma nuvem de sombrio aborrecimento, porque ninguém era capaz de atacar a própria norma, voltando-a contra Sócrates: pois, para isso teria sido necessário ainda aquilo de que de forma alguma se possuía, aquela superioridade socrática na arte da conversação, na dialética.

Visto a partir da consciência germânica infinitamente profunda, esse socratismo aparece como um mundo totalmente invertido; deve-se supor, porém, que também para os poetas e artistas daquele tempo, Sócrates devia parecer-lhes já, pelo menos, aborrecedor e ridículo, especialmente quando, em sua improdutiva erística, continuava fazendo valer a seriedade e a dignidade de uma vocação divina. Os fanáticos da lógica são insuportáveis, como as vespas. E agora, imagine-se uma vontade enorme por trás de um entendimento tão unilateral, a personalíssima energia primordial de um caráter firme, junto de uma feiura externa fantasticamente atraente: e se compreenderá que inclusive um talento tão grande como Eurípides, dadas precisamente a seriedade e a profundidade de seu pensamento, teve de ser arrastado de maneiro tanto mais inevitável pela escarpada via de uma criação artística *consciente*. A decadência da tragédia, tal como Eurípides julgou vê-la, era uma fantasmagoria socrática: como ninguém sabia converter suficientemente em conceitos e palavras a antiga técnica artística, Sócrates negou essa sabedoria e, com ele, a negou também o seduzido Eurípides. A essa "sabedoria" indemonstrada, Eurípides contrapôs agora a obra de arte socrática, embora sob o envoltório de numerosas acomodações da obra de arte imperante. Uma geração posterior se deu conta exata daquilo que era envoltório e daquilo que era núcleo: largou a primeira e o fruto do socratismo artístico se mostrou ser o jogo de xadrez como espetáculo, a peça de intriga.

O socratismo despreza o instinto e, com ele, a arte. Nega a sabedoria totalmente onde está o reino mais apropriado para ela. Num único caso o mesmo Sócrates reconheceu o poder da sabedoria instintiva e precisamente de maneira muito peculiar. Em situações especiais, em que seu entendimento duvidava, Sócrates encontrava um firme apoio graças a uma voz demoníaca que milagrosamente se deixava ouvir. Quando essa voz aparece, sempre *dissuade*. Nesse homem de todo anormal, a sabedoria instintiva levanta sua voz para enfrentar aqui e acolá o inconsciente, *pondo obstáculos*. Aqui também fica bem claro que Sócrates pertence, na realidade, a um mundo invertido e posto de cabeça para baixo. Em todas as naturezas produtivas, o inconsciente produz certamente um efeito criador e afirmativo, enquanto a consciência se comporta de modo crítico e dissuasivo. Nele, o instinto se converte num crítico e a consciência, num criador.

A um segundo crítico, além de Eurípides, o desprezo socrático do instintivo incitou-o também a realizar uma reforma da arte e, em decorrência, uma reforma ainda mais radical. Também o divino Platão foi, neste ponto, vítima do socratismo: ele, que na arte anterior via somente a imitação das imagens aparentes, incluiu também "a sublime e elogiada" tragédia – assim se expressa ele – entre as artes lisonjeiras, que costumam representar unicamente o agradável, o lisonjeiro para a natureza sensível, não o desagradável, mas ao mesmo tempo útil. Por isso enumera de antemão a arte trágica junto com a arte da limpeza e a arte culinária. Para uma mente sensata, diz, repugna uma arte tão heterogênea e confusa, para uma mente excitável e sensível essa arte representa uma mecha perigosa: razão suficiente para desterrar do Estado ideal os poetas trágicos. Em geral, segundo ele, os artistas fazem parte das ampliações supérfluas do Estado, junto com as amas-de-leite, as modistas, os barbeiros e os padeiros. Em Platão, essa condenação intencionalmente acre e desconsiderada da arte tem algo de patológico: ele, que se havia elevado a essa concepção somente por ódio contra sua própria carne; ele que, em benefício do socratismo, havia pisoteado sua natureza profundamente artística, revela no azedume de semelhantes juízos que a ferida mais profunda de seu ser não está ainda cicatrizada. A verdadeira faculdade criadora do poeta é tratada por Platão quase sempre com ironia, porque essa faculdade não é, diz ele, uma intelecção consciente da essência das coisas e a equipara ao talento dos adivinhos e intérpretes de signos. O poeta, diz, não é capaz de fazer poesia até que não se tenha entusiasmado e tenha ficado inconsciente, e nenhum entendimento habita nele. A esses artistas "irracionais", Platão contrapõe a imagem do poeta verdadeiro, o filosófico, e dá a entender com clareza que ele é o único que alcançou esse ideal e cujos diálogos podem ser lidos no Estado ideal. A essência da obra de arte platônica, o diálogo, é, contudo, a carência de forma e de estilo, produzida pela mistura de todas as formas e estilos existentes. De modo particular, à nova obra de arte não se deveria objetar que, segundo a concepção platônica, foi o defeito fundamental da antiga: não deveria ser imitação de uma imagem aparente, ou seja, segundo o conceito usual; para o diálogo platônico não deveria haver nenhuma coisa natural-real que tivesse sido imitada. Assim, esse diálogo oscila entre todos os gêneros artísticos, entre a prosa e a poesia, a narração, a lírica, o drama, e de igual modo infringiu a antiga e rigorosa lei de que a forma linguístico-estilística é unitária. O socratismo é levado a uma desfiguração maior ainda pelos escritores cínicos: na mescla máxima do estilo, na flutuação entre as formas prosaicas e as métricas, procuram refletir, por assim dizer, o silênico ser extremo de Sócrates, seus olhos de caranguejo, seus lábios grossos e seu ventre pendente.

À vista dos efeitos artísticos do socratismo, que são profundos e que aqui mal foram tocados, quem não dará razão a Aristófanes, quando faz o coro cantar isso:

> *Saúde a quem não gosta*
> *de sentar-se ao lado de Sócrates e falar com ele,*
> *a quem não condena a arte das musas*
> *e não olha do alto com desprezo*
> *o mais elevado e nobre da tragédia!*
> *Pois vã estupidez é*
> *dedicar ciúme ocioso*
> *a discursos vazios*
> *e quimeras abstratas.* (*As rãs*, versos 1491-1499)

O que de mais profundo, porém, se podia dizer contra Sócrates disse-o uma figura que lhe aparecia em sonho. Com muita frequência, segundo relata Sócrates a seus amigos no cárcere, tinha seguidamente o mesmo sonho que lhe dizia sempre: "Sócrates, cultiva a música!" Até seus últimos dias, porém, Sócrates se consolava com a opinião de que sua filosofia era a música suprema. Finalmente, na prisão, para aliviar totalmente sua consciência, decide cultivar também aquela música "vulgar". E realmente pôs em verso algumas fábulas em prosa que conhecia, mas não creio que com esses exercícios métricos tenha aplacado as musas.

Em Sócrates se materializou *um* dos aspectos do helenismo, aquela *claridade apolínea*, sem mescla de nada estranho: aparece como um raio de luz puro, transparente, como precursor e arauto da *ciência*, que realmente devia nascer na Grécia. A ciência e a arte, porém, se excluem: desse ponto de vista é significativo que seja Sócrates o primeiro grande grego a ser feio, da mesma maneira que nele, propriamente, tudo é simbólico. É o pai da lógica, que representa com a máxima nitidez a característica da ciência pura: ele é o aniquilador do drama musical, que havia concentrado em si os raios de toda a arte antiga.

Esta última o é num sentido muito mais profundo ainda do que pudemos insinuar até agora. O socratismo é mais antigo que Sócrates; sua influência que dissolve a arte se faz notar muito antes já. O elemento da dialética, peculiar dele, foi introduzido furtivamente no drama musical muito tempo antes de Sócrates e produziu em seu belo corpo um efeito devastador. O mal teve seu ponto de partida no diálogo. Como se sabe, o diálogo não estava originalmente na tragédia; o diálogo só se desenvolveu a partir do momento em que houve dois atores, isto é, relativamente tarde. Já antes havia algo análogo no discurso alternante entre o herói e o corifeu: aqui, porém, em vista da subordinação de um a outro, a *disputa* dialética se tornava impossível. Mas logo que se encontraram frente a frente dois atores principais, dotados de iguais direitos, surgiu, de acordo com um instinto profundamente helênico, a rivalidade e, na verdade, a rivalidade expressa com palavras e argumentos: enquanto o diálogo apaixonado permaneceu sempre distante da tragédia grega. Com essa rivalidade apelou-se a um elemento que existia no peito do ouvinte e que até então, considerado como hostil à arte e odiado pelas musas, havia sido desterrado dos solenes âmbitos das artes dramáticas: a Éride[66] "malvada". A Éride boa imperava, com efeito, desde sempre em todas as atuações das musas e na tragédia levava três poetas rivais perante o tribunal do povo congregado para julgar.

Mas quando o arremedo da disputa verbal se infiltrou também na tragédia, e na sala do tribunal, então surgiu pela primeira vez um dualismo na essência e no efeito do drama musical. A partir desse momento houve partes da tragédia em que a compaixão cedia lugar à luminosa alegria para o torneio esganiçante da dialética. Não era permitido que o herói do drama sucumbisse e, portanto, agora se devia fazer dele também um herói da *palavra*. O processo, que tinha conhecido seu início na denominada esticomitia[67], continuou e foi introduzido também nos discursos mais longos dos atores principais. Pouco a pouco todos os personagens falam com tal desperdício de sagacidade, clareza e transparência, que realmente, ao ler uma tragédia de Sófocles, temos uma impressão de conjunto desconcertante. Para nós é como se todas essas figuras não perecessem por causa do trágico, mas por causa de uma superexposição do lógico. Basta fazer uma comparação com o modo totalmente diverso como conduzem a dialética os heróis de Shakespeare[68]: todo o pensar, supor e inferir destes está envolto numa certa beleza e interiorização musicais, enquanto na tragédia grega tardia domina um dualismo de estilo que dá muito a que pensar; por um lado, o poder da música e, do outro, o poder da dialética. Esta última vai se destacando cada vez mais até que é ela que profere a palavra decisiva na estrutura de todo o drama. O processo termina na peça com intriga: somente com ela fica completamente superado esse dualismo, em decorrência da aniquilação total de um dos rivais, a música.

Nesse ponto é muito significativo que esse processo termine na *comédia*, tendo começado, no entanto, na tragédia. A tragédia, que surgiu da profunda fonte da compaixão, é *pessimista* por essência. A existência é nela algo de extremamente horrível e o ser humano, algo realmente insensato. O herói da tragédia não fica em evidência, como pensa a estética moderna, na luta com o destino e tampouco sofre o que merece. Pelo contrário, precipita-se em sua desgraça cegamente e de olhos vendados: e o desconsolado, mas nobre gesto com que se detém diante deste mundo de espanto que acaba de conhecer, crava-se como um espinho em nossa alma. A dialética, pelo contrário, é *otimista* desde o mais profundo de seu ser: acredita na causa e no efeito e, portanto, numa relação necessária de culpa e castigo, de virtude e felicidade;

seus exemplos de cálculo matemático não podem deixar dúvidas: ela nega tudo o que não pode analisar de maneira conceitual. A dialética atinge continuamente sua meta: cada conclusão é uma festa de júbilo para ela, a clareza e a consciência são o único ar em que pode respirar. Quando esse elemento se infiltra na tragédia, surge um dualismo como entre noite e dia, música e matemática. O herói que deve defender suas ações com argumentos e contra-argumentos corre o risco de perder nossa compaixão, pois, a desgraça que, apesar de tudo, logo o atinge, a única coisa que demonstra precisamente é que, em algum lugar, ele errou no cálculo. Mas uma desgraça provocada por uma falha de cálculo já se torna mais um motivo de comédia. Quando o prazer pela dialética superou a tragédia, surgiu a comédia nova com seu triunfo constante da astúcia e do ardil.

A consciência socrática e sua crença otimista na união necessária entre virtude e saber, entre felicidade e virtude, teve, num expressivo número de peças de Eurípides, o efeito de abrir, na conclusão, uma perspectiva para uma existência ulterior muito agradável, quase sempre com um casamento. Logo que aparece o deus da máquina, vemos que quem se esconde por trás da máscara é Sócrates, que tenta equilibrar em sua balança a felicidade e a virtude. Todos conhecem as teses socráticas: "A virtude é saber: peca-se unicamente por ignorância. O virtuoso é feliz." Nestas três formas básicas do otimismo está a morte da tragédia, que é pessimista. Muito antes de Eurípides, essas concepções trabalharam para dissolver a tragédia. Se a virtude é o saber, então o herói virtuoso tem que ser um dialético. Dada a extraordinária superficialidade e indigência do pensamento ético, que não está nada desenvolvido, com muita frequência o herói que pratica a dialética eticamente aparece como um arauto da trivialidade e do filisteísmo éticos. A única coisa de que necessitamos é ter o valor de confessar isso, necessitamos confessar, para não dizer nada de Eurípides, que também às figuras mais belas da tragédia de Sófocles – uma Antígona, uma Electra, um Édipo – lhes ocorrem às vezes ideias triviais totalmente insuportáveis que, em geral, os personagens dramáticos são mais belos e grandiosos que sua manifestação em palavras. A partir desse ponto de vista, nosso juízo sobre as primeiras tragédias de Ésquilo tem de ser muito mais favorável, pois, Ésquilo criou suas melhores obras também de maneira inconsciente. Na linguagem e no desenho dos personagens de Shakespeare temos o inalterável ponto de apoio para semelhantes comparações. Em Shakespeare pode-se encontrar uma sabedoria ética tal que, diante dela, o socratismo aparece como algo impertinente e pedante.

Intencionalmente em minha última conferência falei muito pouco sobre os limites da música no drama musical grego: no contexto destas análises será compreensível que eu tenha dito que os limites da música no drama musical são os pontos de risco em que começou seu processo de desagregação. A tragédia pereceu por causa de uma dialética e de uma ética otimistas: isso equivale a dizer que o drama musical pereceu por causa de falta de música. O socratismo infiltrado na tragédia impediu que a música se fundisse com o diálogo ou monólogo, embora, na tragédia de Ésquilo, aquela tivesse começado a fazê-lo com o maior êxito. Outra consequência foi que a música, cada vez mais restrita, encerrada em fronteiras cada vez mais estreitas, já não se sentia da tragédia como em sua casa, passando a desenvolver-se de maneira mais livre e audaz fora da dela, como arte absoluta. É ridículo fazer aparecer um espírito durante um banquete: é ridículo pedir a uma musa tão misteriosa, de um entusiasmo tão sério, como é a musa da música trágica, que cante numa sala de tribunal, nas pausas que intermedeiam as escaramuças dialéticas. Com um sentimento desse ridículo, a música emudeceu na tragédia, assustada, por assim dizer, com sua inaudita profanação; cada vez menos ousava levantar sua voz e, finalmente, se confunde, canta coisas que não fazem sentido, envergonha-se e foge totalmente dos âmbitos do teatro. Para falar com toda a franqueza, a floração e o ponto culminante do drama musical grego é Ésquilo em seu primeiro grande período, antes de ter sido influenciado por Sófocles: com este começa a decadência paulatina, até que, por fim, Eurípides, com sua reação consciente contra a tragédia de Ésquilo, provoca o final com uma rapidez tempestuosa.

Este juízo contradiz somente uma estética difundida na atualidade: na verdade, em favor dele pode-se fazer valer nada menos que o testemunho de Aristófanes que tem, como nenhum outro gênio, uma afinidade eletiva com Ésquilo. Mas o igual é conhecido somente pelo igual.

Para concluir, uma única pergunta. Está realmente morto o drama musical, morto para todos os tempos? Não será permitido realmente ao germânico pôr ao lado daquela obra artística do passado e desaparecida, nada mais que a "grande ópera", de maneira parecida como, junto com Hércules, costuma aparecer o primata? Esta é a pergunta mais séria de nossa arte: e quem, como germânico, não compreender a seriedade desta pergunta, é vítima do socratismo de nossos dias, o qual, portanto, não é capaz de produzir mártires, nem fala a linguagem do "mais sábio dos gregos" que, certamente, não se vangloria de não saber nada, mas, na realidade, não sabe nada. A imprensa de hoje é esse socratismo; não profiro nem mais uma palavra.

Notas do Tradutor

---

(1) Johann Wolfgang von Goethe (1749-1832), escritor, erudito e político alemão; suas principais obras são: Prometeu (1772), Sofrimentos do jovem Werther (1774), Egmont (1788), Elegias romanas (1790), Os anos de aprendizagem de Wilhelm Meister (1796), A metamorfose das plantas (1790), Fausto (1808), Poesia e verdade (1811), Segundo Fausto (1826).

(2) Richard Wagner (1813-1883), compositor alemão, autor de muitas óperas como: O navio fantasma, Tannhäuser, O anel dos nibelungos, Tristão e Isolda, Os mestres cantores de Nüremberg; suas relações amistosas e desastradas com Nietzsche podem ser deduzidas na leitura de O caso Wagner, já publicado nesta coleção da Editora Escala .

(3) Zoroastro ou Zaratustra (628-551 a.C.), fundador do zoroastrismo, baseado numa divindade superior a todas as demais e nos princípios do bem e do mal em eterna luta; acreditava ter recebido a missão de pregar a verdade e a sabedoria.

(4) Heráclito de Éfeso (550-480 a.C.), filósofo grego; defendia a tese de que o universo é uma eterna transformação, da qual os contrários se equilibram e, em sua harmonia, esses opostos regem os planos cósmico e humano .

(5) Filósofos da Escola de Eleia (cidade da Magna Grécia, situada no sul península itálica), dentre os quais se destacam Xenófanes, Parmênides, Zenon de Eleia

(6) Empédocles (séc. V a.C.), médico, legislador e filósofo grego; construiu uma teoria, segundo a qual a combinação dos quatro elementos dá origem a todas as coisas, mas os dois princípios antagônicos, o amor ou atração e o ódio ou repulsa, são os agentes que promovem a união ou a desunião dos quatro elementos.

(7) Anaxágoras (500-429 a.C.), filósofo grego; defende a teoria de que a natureza se constitui por um número infinito de elementos semelhantes, em cuja composição reside a origem de todas as coisas; tudo está em tudo e nada nasce do nada.

(8) Pitágoras (séc. VI a.C.), filósofo e matemático grego, célebre por seus teoremas e cálculos das proporções; afirmava que todas as coisas são números.

(9) Tales de Mileto (séc. VII-VI a.C.), matemático, astrônomo e filósofo grego; celebrizou-se por seus teoremas, suas observações astronômicas e confecção de um calendário, por suas indicações meteorológicas e por sua cosmologia – segundo ele, "tudo é água", estabelecendo a água como o princípio e a origem do universo.

(10) Anaximandro (610-574 a.C.), filósofo e astrônomo grego; afirmava que a Terra tem forma de um disco e que a essência do universo era um conjunto indeterminado contendo em si os contrários; todo nascimento era separação e toda morte era reunião desses contrários.

(11) Parmênides de Eleia (515-440 a.C.), filósofo grego, fundador da metafísica com sua distinção entre o ser e o não ser.

(12) Demócrito (460-370 a.C.), filósofo grego; sua filosofia é materialista e atomista;

segundo ele, a natureza é composta de vazio e de átomos; "nada nasce do nada" e, por conseguinte, tudo se encadeia; os corpos nascem de combinações de átomos e desaparecem pela separação deles.

(13) Sócrates (470-399 a.C.), filósofo grego, considerado um dos grandes iniciadores do pensamento filosófico do Oriente Próximo e do Ocidente.

(14) Arthur Schopenhauer (1788-1860), filósofo alemão, muito citado por Nietzsche em seus escritos. Schopenhauer, em seu sistema filosófico, defende que o mundo é apenas um conjunto de representações. A única coisa em si, fundamento de tudo, é a vontade que independe das representações e não se submete às leis da razão. A vontade, por sua vez, suscita sempre novos anseios e desejos, por maiores que já tenham sido as conquistas. E querer é, acima de tudo, querer viver, embora a vida nunca se apresente como algo completo e definitivo. Logo, o querer-viver é a raiz de todos os males, de todo sofrimento. Querer contínuo e perpétuo, que nunca é satisfeito, a vontade, a cada realização, multiplica os desejos, as dores, o sofrimento. Em decorrência, a dor e o sofrimento se tornam o estado natural do homem. Esse é o pessimismo que domina a filosofia de Schopenhauer, embora aponte caminhos para a libertação do homem oprimido pelo eterno tentar e nunca conseguir. Suas principais obras são: A quádrupla raiz do princípio de razão suficiente, O mundo como vontade e representação, Sobre a vontade na natureza, Sobre a liberdade humana e O fundamento da moral.

(15) Sete Sábios da Grécia era o nome dado pela tradição grega a sete grandes personagens, filósofos ou estadistas do século III antes de Cristo; eram os seguintes: Bias de Priena, Quílon de Esparta, Cleóbulo de Lindos, Periandro de Corinto, Pitaco de Mitileno, Sólon de Atenas e Tales de Mileto.

(16) Segundo a mitologia grega, Trofônio teria sido famoso arquiteto; a caverna onde foi sepultado ficou célebre por seus oráculos .

(17) Referência ao personagem mitológico Orfeu, poeta e músico, inventor da lira; abalado pela morte da esposa, obteve das divindades a permissão de resgatá-la nos infernos, com a condição de não olhar para ela até atingirem ambos a claridade; partiu para sua missão, mas não resistindo, fitou-a e ela lhe foi arrebatada para sempre.

(18) Platão (327-347 a.C.), filósofo grego, discípulo de Sócrates; principais obras: Críton, Alcibíades, Górgias, Eutidemo, Fédon, Fedro, Teeteto, A República, O sofista, O político, As leis; dentre estas, A República já foi publicada nesta coleção da Editora Escala.

(19) Seguidores do estoicismo, doutrina filosófica corrente entre os gregos e romanos antigos. A máxima da moral estoica era "Suporta e abstém-te", o que transmite a ideia de renúncia, de desapego, de rigor e austeridade na prática da virtude. Na realidade, a filosofia estoica era bem mais abrangente, embora exigisse esforço contínuo na perseguição do bem supremo e da equilibrada e moderada; de fato, a virtude consiste, na visão do estoicismo, em viver segundo a natureza, em aproveitar a vida como ela é, privilegiando sempre, contudo, a renúncia, o esforço, o equilíbrio, a moderação.

(20) Seguidores do epicurismo, doutrina filosófica e moral fundada pelo filósofo grego

Epicuro (341-270 a.C.). Essa doutrina tem fundamentos materialistas, pregando a satisfação de tudo o que contribui para o prazer, o desfrute dos bens materiais e espirituais do mundo, mas não de modo libertino; pelo contrário, com ponderação e medida, a fim de usufruir com maior intensidade a excelência dos bens oferecidos pela natureza que, em si, é essencialmente boa.

(21) Marcus Tullius Cicero (106-43 a.C.), escritor, jurista e filósofo latino que deixou inúmeras obras, dentre as quais já foram publicadas nesta coleção da Editora Escala: A amizade, A velhice saudável, Os deveres.

(22) John Scot Erigena (810-877), teólogo irlandês, exerceu grande influência na teologia medieval, nela introduzindo um pensamento racional; deixou a: obra Da predestinação.

(23) Blaise Pascal (1623-1662), matemático, físico e filósofo francês; dentre suas obras, Do espírito geométrico já foi publicada nesta coleção da Editora Escala.

(24) Johann Georg Hamann (1730-1788), escritor e filósofo alemão, fundador de uma corrente hostil ao racionalismo e ao classicismo.

(25) Stoa: termo grego que significa pórtico (do qual deriva stóikos, estoico), referência ao pórtico de Atenas onde se reuniam os estoicos sob a direção de Zenão de Cítio (335-264 a.C.), fundador dessa doutrina filosófica.

(26) Ferécides de Siros (séc. VI a.C.), filósofo grego, tio materno de Pitágoras, teria sido o primeiro a falar sobre a imortalidade da alma; dele se conhece a obra Heptamíquia, tratado sobre a natureza.

(27) Segundo a mitologia grega, Cronos, deus do tempo, filho de Urano (o Céu) e de Gaia ou Gea (a Terra), ocupou o trono do pai como divindade suprema, mas foi destronado pelo próprio filho Zeus, que se tornou o deus supremo do Olimpo grego.

(28) Parerga et Paralipomena, obra de Arthur Schopenhauer (1788-1860), filósofo alemão.

(29) Immanuel Kant (1724-1804), filósofo alemão; suas principais obras são: Crítica da razão pura (1781), Fundamentos da metafísica dos costumes (1785), Primeiros princípios metafísicos da ciência da natureza (1786), Metafísica dos costumes (1797), Crítica da razão prática (1788), A religião nos limites da simples razão (1793); estas duas últimas já foram publicadas nesta coleção da Editora Escala.

(30) Na mitologia grega, as Erínias eram as deusas da vingança e do castigo; eram três e se chamavam Alecto, Tisífone e Megera.

(31) Deusa grega que personificava a justiça.

(32) Aristóteles (384-322), filósofo grego, discípulo de Platão; entre suas obras, A política já foi publicada nesta coleção da Editora Escala.

(33) Na mitologia grega, Éris era a deusa da discórdia, descrita por Hesíodo (séc. VIII a.C.), poeta grego, em sua obra Teogonia; Hesíodo deixou também: Os trabalhos e os dias e Escudo de Héracles.

(34) Na mitologia grega, Aion era o juiz da espécie humana.

(35) Gottfried Wilhelm Leibniz (1646-1716), filósofo e matemático alemão.

(36) Na mitologia grega, Ártemis era uma das doze divindades do Olimpo; irmã gêmea de Apolo, casta e virgem, armada de arco, com suas flechas feria quem ousasse insultá-la.

(37) Segundo a mitologia grega, Zeus era o deus supremo, o deus dos deuses do Olimpo.

(38) Cidade da Grécia antiga onde eram cultuadas divindades assistidas pela serpente Píton que, por meio de suas sacerdotisas, chamadas pitonisas, proferia oráculos; as pitonisas se prestavam a transmiti-los e interpretá-los para os interessados.

(39) Na mitologia grega, Sibila era uma profetisa inspirada pelo deus Apolo e encarregada de transmitir os oráculos dele.

(40) Na mitologia grega, Afrodite era a deusa da beleza e do mar, nascida da espuma das ondas do mar. Os romanos lhe davam o nome de Vênus. Nos muitos templos dedicados a ela, as oferendas mais usuais eram flores, frutas e perfumes.

(41) Xenófanes (cerca de 570 a 470 a.C.), filósofo grego, fundador da escola filosófica de Eleia (na Magna Grécia, sul da Itália), era contrário ao antropomorfismo dos poetas e se empenhou em demonstrar a perfeição da divindade.

(42) Personagem da Ilíada de Homero, Tersites tomou parte na guerra de Troia. Muito feio e covarde, zombou da paixão de Aquiles por uma amazona, vazando os olhos desta com a ponta de uma lança; Aquiles o matou.

(43) Georg Wilhelm Friedrich Hegel (1770-1831), filósofo alemão; entre suas obras, destacam-se Ciência da lógica, A fenomenologia do espírito e Princípios da filosofia do Direito.

(44) Friedrich Eduard Beneke (1798-1854), filósofo alemão que deixou, entre outras, as seguintes obras: O conhecimento, Dos inícios da verdadeira filosofia, Novas bases para a metafísica.

(45) Zenon de Eleia (séc. V a.C.), filósofo grego pré-socrático, discípulo de Parmênides; segundo Aristóteles, teria sido o criador da dialética, procedendo a uma renovação da lógica e a uma reflexão mais aprofundada dos conceitos de tempo e espaço.

(46) Expressão latina que significa "ao homem, contra a pessoa", referindo-se a argumento utilizado contra o adversário com as mesmas argumentações utilizadas por este.

(47) Expressão latina que quer dizer "pelas coisas concedidas, por aquilo que foi apresentado", referência ao que foi proposto.

(48) Afrikan Spir (1837-1890), filósofo alemão, autor de Pensamento e realidade, Esboços de filosofia crítica.

(49) Caius Julius Caesar (103-44 a.C.), general e imperador romano.

(50) Do grego nous (pronuncia-se nus), espírito, faculdade de pensar.

(51) Fídias (490-431 a.C.), escultor grego, principal responsável pela decoração do Partenon de Atenas.

(52) Templo da deusa Atena Partenon na Acrópole de Atenas, obra-prima da arquitetura grega antiga; o Partenon foi construído entre os anos 447 e 432 a.C..

(53) Homero (séc. IX a.C.), poeta épico grego, a quem se atribui a Ilíada e a Odisseia, duas obras-primas da literatura antiga.

(54) Eurípides (480-406 a.C.), poeta trágico grego, autor de 92 tragédias, das quais somente 17 chegaram até nós; dentre estas, cumpre ressaltar As bacantes, Alceste, Andrômaca, Héracles furioso, As suplicantes, Electra.

55) Péricles (495-429 a.C.), governante e estadista ateniense, tornou-se, por sua visão e suas realizações, símbolo do progresso e da hegemonia de Atenas sobre as demais cidades-Estado da Grécia antiga.

(56) Demóstenes (384-322 a.C.), orador e estadista ateniense, modelo de oratória antiga, como pode ser verificado nos discursos conservados, entre os quais, Primeira Filípica, Olínticas, Sobre a Coroa.

(57) Aristófanes (445-386 a.C.), poeta cômico grego; de suas numerosas peças, só chegaram até nós onze, dentre as quais cumpre mencionar: Os cavaleiros, As nuvens, A assembleia das mulheres, A paz, Lisístrata, As vespas, As rãs.

(58) Filémon (360-263 a.C.), poeta cômico grego; de suas 60 peças restaram fragmentos.

(59) Menandro (342-292 a.C.), poeta cômico grego, criador da "comédia nova"; de suas 108 peças, poucas se salvaram ou foram redescobertas, como O misantropo, A arbitragem, O herói, O adulador.

(60) Herói da Grécia antiga, lendário rei de Ítaca, é retratado pelo poeta Homero (séc. IX a.C.) como guerreiro e diplomata na obra Ilíada, enquanto na Odisseia (do nome próprio grego Odisseu, Ulisses) o mesmo poeta narra sua volta da Guerra de Tróia, depois de anos e muitas peripécias nos mares, à sua terra natal.

(61) Ésquilo (525-456 a.C.), poeta trágico grego, autor de quase uma centena de tragédias, dentre as quais convém relembrar Orestíada, As suplicantes, Prometeu acorrentado, Os sete contra Tebas.

(62) Semideus da mitologia grega que teria roubado o fogo dos deuses para concedê-lo aos homens; como punição, Zeus o acorrentou a uma rocha, onde ficou exposto aos ataques de uma águia que lhe devorava continuamente o fígado, sendo finalmente libertado por Hércules.

(63) Sófocles (494-406 a.C.), poeta trágico grego, autor de mais de uma centena de tragédias, das quais restam apenas sete: Ájax, Antígona, Édipo rei, Édipo em Colona, Electra, Filotecto, Trachiniai.

(64) Expressão latina que significa "deus feito máquina ou deus apresentado por meio de máquina" e que se refere ao dispositivo ou mecanismo utilizado nas tragédias antigas quando se previa o aparecimento de uma divindade em cena: esta era baixada do alto por meio desse dispositivo mecânico.

(65) Bertel Thorvaldsen (1768-1844), escultor dinamarquês, um dos líderes do neoclassicismo.

(66) Éris ou Éride, na mitologia grega, era a deusa da discórdia; distinguia-se a Éride má, que fomentava a guerra, as lutas, a crueldade, e a Éride boa que incitava ao trabalho, a fugir do ócio e da preguiça, à concorrência, à competição, à corrida à riqueza.

(67) O termo indicava a distribuição das frases na estrofe do poema, de tal modo que cada frase completa ocupasse exatamente um verso; no diálogo dramático se realiza quando cada um dos versos é recitado por um ator diferente.

(68) William Shakespeare (1564-1616), dramaturgo e poeta inglês, cujas peças teatrais ainda são representadas continuamente hoje no mundo todo, especialmente Romeu e Julieta, Os dois cavalheiros de Verona, Otelo, Sonho de uma noite de verão, Hamlet, O rei Lear, Macbeth etc..

Impressão e Acabamento:
Gráfica Oceano